职业技术教育工艺美术类·展示设计系列教材

Arts and Crafts of Technical and Vocational Education　Text Books for Exhibition Design

会展——策划与管理

主编 张礼全　副主编 赵小勇 许海能

辽宁美术出版社

编委会成员：张礼全　朱俊璇　范莉莎　谢跃凌

陈　晓　梁　敏　刘　凯　刘红波

唐红云　凌小冰　伍卫平　陈功为

梅　咏

图书在版编目（CIP）数据

会展：策划与管理/张礼全主编. —沈阳：辽宁美术
出版社，2008.6
　ISBN 978-7-5314-4125-0

　Ⅰ.会… Ⅱ.张… Ⅲ.展览会－策划管理 －教材
Ⅳ.G245

中国版本图书馆CIP数据核字（2008）第082321号

出 版 者：辽宁美术出版社
地　　 址：沈阳市和平区民族北街29号　邮编：110001
发 行 者：辽宁美术出版社
印 刷 者：辽宁泰阳广告彩色印刷有限公司
开　　 本：889mm×1194mm　1/16
印　　 张：5
字　　 数：150千字
出版时间：2008年7月第1版
印刷时间：2008年7月第1次印刷
责任编辑：方　伟　刘巍巍
封面设计：童迎强
版式设计：方　伟　刘巍巍
技术编辑：鲁　浪　徐　杰　霍　磊
责任校对：张亚迪
ISBN 978-7-5314-4125-0
定　　 价：30.00元

邮购部电话：024-23414948
E-mail:lnmscbs@163.com
http://www.lnpgc.com.cn

前 言
PREFACE

　　会展业在发达国家深受高等教育、职业技术教育和科研界的重视。随着社会经济的飞速发展，我国会展业虽然起步较晚，但是从"九五"以来中国的会展业发展迅速，近年来以20%的平均增长率逐年增长，在中国经济舞台上扮演着越来越重要的角色。尽管会展业发展迅速，但与西方发达国家相比，我国的会展业还处在萌芽阶段，发展不成熟，竞争力相对较弱。我国会展业无论是在规模、效益还是在质量方面都与发达国家差距巨大，主要体现在管理、运作、展示设计水平低，这些问题都与会展人才短缺有直接或间接关系，会展人才短缺已成为制约我国会展业发展的"瓶颈"。据国家劳动和社会保障部有关部门统计预测，近三年内我国会展人才缺口近200万人。因而，各类相关学校及科研机构纷纷瞄准会展业这块阵地，以各种不同层次的教育方式，开展不同层次的会展专业的学历教育。

　　从目前我国的会展教育研究机构看，主要分成两大类：一类是开设会展专业的大中专院校和职业学校；另一类是依靠大学或行业骨干力量办的科研类研究中心。

　　从我国的会展教育人才培养模式来看，第一层次为职业培训教育，专门培养会展所需各个细分工种的技能型人才，如展位设计、展品仓储和运输、会展营销等。第二层次是在具备了一定的业务水平后，继续进修以获得会展类的专项文凭。第三个层次为学位层次，即接受高校的学历教育，获得学士或硕士级别的文凭。会展类的信息交流形式则趋于多样化，如学术研讨会议、行业内高层研修活动、政府人才培训项目等。利用一切资源加快我国会展专业人才的培养。

　　虽然各地各院校及相关单位都在积极探索自己的会展办学模式，但从会展学科的建设情况来看，我国的会展教育起点低，特别是展示设计专业的师资队伍力量薄弱，许多老师是从装潢广告、室内设计专业等学科转行过来的，授课方式上很多还是直接把室内设计学和广告设计学两项课程简单拼凑的教学模式，创新很少。会展业系列教材远远落后于会展业的发展需求。

　　从今后展示设计专业的职业特点看，这个专业培养出来的专业人才，应该具备运用现代设计理念，从事大、中、小型会展、节事活动空间环境的展示设计、施工并提供具有创造性和艺术感染力的视觉化表现服务的人员。职业的特点已经决定了它的实践性要求，特别是职业技术教育有别于大学本科的教育模式。因此，我们更应该按照职业技术人才培养的教育模式，以及不同的市场定位需求，制订相应的教学体系和专业教材体系。

　　正是在会展业这种超常规发展的大背景下，培养会展业专业实用技术人才，就必须得重视会展业相关系列的教材建设。因为教材的定位是否准确、质量是否上乘、结构是否合理、特色是否鲜明、是否具有实用性等，都直接影响到人才培养的质量。出于会展业发展需求量和基于这样的认识，我们编写了《会展——策划与管理》、《会展——展示设计效果图》、《会展——展示空间设计》、《会展——展示工程设计》、《会展——展示传媒设计》系列教材，我们始终试图尽量地去体现会展专业实用性、实战性和实践性的特点，全书通篇极力强调教材的专业性和系统性，以展示设计专业的课程设置和教学结构为依据，力求从创意设计到实物的实现，并且参加编写的主要专业教师都有着较丰富的展示设计的实践经验和教学经验，多次参与大型会展策划、展示工程设计及其工程施工的管理，他们把实践积累和研究奉献出来与大家共享，为会展设计专业的人才培养付出了极大的努力。

目录
CONTENTS

第 *1* 章

会展的基本概述

第一节　会展及会展经济的含义

一、会展的含义

会展被人们称为21世纪的朝阳产业。有人说，会展是智者的峰会；有人说，会展是"不冒烟的工厂"，是无污染的绿色产业；有人说，会展是城市的标志性建筑；有人说，会展是受参展商资金和观念限制的艺术创作。

那么，到底什么是会展呢？会展是指会议、展览、节事活动等集体性聚集的简称。其概念内涵是指一定地域空间，人们怀着各自不同的目的聚集在一起形成的，定期或不定期的集体性物质、文化展示与交流的社会活动。会展概念的外延很广，它包括各种类型的会议、展览展销活动、体育竞技活动、集中性商品交易活动等。如：米兰博览会、奥运会、广交会、糖酒展销会、昆明世界博览会等都是会展的形式，世界博览会是最典型的会展活动。

追本溯源，早在原始社会末期就出现了会展的雏形。《诗经·亡民》中记载："抱布贸丝。"即指一种相互交换物品或进行贸易的商业行为。当时，由于社会经济的发展，出现了剩余产品，劳动者把剩余产品拿到同一个地方进行物物交换，通过比较和协商，人们用自己手中的剩余产品换取自己急需的物品。这种交易方式，经过演变形成了有固定时间和地点的集市。

现代会展业起源于欧洲的农产品集市，由于当时农民居住较为分散，不利于城里人下乡去采购，并且农产品市场长期以来供给过剩，是个买方市场。农民们不得不把肉、蛋、奶、蔬菜等农产品带到城里的集市上，供城里人"货比三家"，挑选购买。17世纪英国工业革命和后来的比利时、德国、法国、美国的产业革命，推动了世界科技迅猛发展，机器运输工具的使用，促进了在英国、德国、法国一些城市的贸易集市发展成为较大规模的国际展览会或博览会。1851年在英国伦敦首次举行了世界博览会，标志着旧贸易集市向标准的国际展览会与博览会过渡。1890年，在德国莱比锡举办了世界上第一个样品博览会。经过一百多年的积累和发展，欧洲的会展业无论是实力还是规模都遥遥领先于世界。在这一地区里，德国、英国、意大利、法国都是世界的会展业大国。（图1-1至图1-7）

（图1-1）1851年伦敦第一届世界工业产品大博览会而设计建造的"水晶宫"展览馆

（图1-2）1889年巴黎世界博览会的埃菲尔铁塔，创造了当时世界最高和最大跨度的机械馆

二、现代会展的特点

（一）会展具有强烈的目的性

会展工作起始于会展目的选择，落实于会展目的实现。会展的目的性决定着会展的各方面工作，从而使会展活动能够有的放矢。会展目的一经确定，便贯穿于整个会展活动的始终，指导整个会展过程。

1.会展目的的多样性

会展的展出意图多种多样，因此，展会的目的也是多种多样，典型的会展目的有建立、维护参展企业形象、新市场的调研、新产品的推广及市场探测、建立和巩固客户关系、贸易洽谈等。美国有关人士曾列出会展的目的多达89种。

会展目的是一切会展工作的基石，是会展策划、筹备展出、后续工作的方向。在做出展会决定后，参展商应根据自己参展意图制订明确、具体、可行的参展目的。导致展会不成功或不太成功的，往往是企业未制订可行的展出目的，或者制订的展出目的不清晰。因此，具有明确目的的参展企业会有更佳的展出效果。

2.会展目的带有多层性

参展商在完成参展的主要目的之外，还会考虑附加目的。比较常见的附加目的是将会展活动之后安排成旅游度假的时间。展会地点对大部分参展商来说是异土他乡，展会工作往往需要一年以上的策划及准备工作，各项工作千头万绪，展出结束，休息放松、旅游购物是正常现象。据统计，目前会展业对城市经济的拉动系数已达到1:10，其中很大部分在旅游购物上。但是，如果主次颠倒，以购物、旅游为主，参展为辅，不能够很好地完成主要参展目的，那么参展就不合适了。

3.会展设计工作紧紧围绕会展目的

作为一名商业设计师，会展设计人员必须清楚会展的各项设计工作不是会展的最终目的，只不过是达到会展真实意图的手段。展会设计不是要求设计人员按自己的思路创造出一件艺术品，而是要求设计人员通过创造性的设计表现企业的参展意见，实现参展企业的目的。因此，在艺术设计上不能喧宾夺主，更不可忽视参展商的思想。

（二）会展的创新性

在市场经济条件下，要达到万商云集、闻名遐迩，会展的新颖性是必不可少的。会展的创新性主要表现在会展理念的创新、目标的选取与决策创新、组织与管理的创新、会展设计的创新等。新颖是展会的灵魂，没有创新，会展就没有发展和生机，就会失去它应有的吸引力。在展览活动中，我们也常见到一些老产品，这些主要是通过展览来展示企业与产品的形象，巩固老客户，寻找新客户。但是，这些参展商也会在展示过程中通过艺术设计手段，更新其宣传方法，以达到给人耳目一新的感觉。

会展活动总是在各种创新中获得收益、取得成功的。第23届洛杉矶奥运会，美国政府及洛杉矶政府都表示不予提供经济援助，但是美国第一旅游公司副董事长尤伯罗斯通过一系列的创新，成功地改写了奥运会亏损历史，并盈利2.5亿元。

市场永远是千变万化的，会展活动只有不断地更新，才能跟上市场的变化。2003年春，突如其来的"非典"疫情打破了几乎所有的会展计划。据悉，由于SARS的重创，中国会展业当年损失40亿元人民币，占会展全年收入的1/2。然而，当年的广交会更新参展方式，开拓网络展览，其网上展览成交额达2.18亿美元。

（三）展览的艺术性

为了突出展示产品的形象，展览的主办者和参展者往往通过运用光、色、形以及文字等，将展馆、环境、展品布置得惟妙惟肖。置身于展览馆内，仿佛置身于立体艺术、灯光艺术的海洋，加之声乐助兴，令人心旷神怡。会展设计要求新、求异、求变，只有新颖的设计才会闪烁出与众不同的光芒。会展设计者不但要在平面布局、空间规划、色彩调配、灯光照明上追求新颖、变化、有个性，还要了解新产品、新材料、新技术来提升设计的科技含量，创造新鲜、独特的美感。在设计飞洲国际的展台时，设计师采用开放的空间布局、温馨的灯光照明、人性化的室内装饰、现代化的办公家具，营造出一个高档的国际化的写字楼场景，满足了观众的审美情趣，加深了对飞洲国际这一品牌的记忆。做会展设计工作要讲究艺术性，但是应注意避免华而不实，也就是设计的作品视觉效果虽然很好，却没有表达出意境，没有使参观者产生潜意识或心理作用，产生参观兴趣。没有意境，不能产生心灵作用的设计是美术，而不是艺术。艺术性是会展诉诸效应的基本保证。

（四）会展的信息集中性

德国举办的国际性贸易展览会约有130多个，净展出面积690万平方米，参观厂商逾千万，参展商17万家。德国现拥有23个大型展览中心，总面积230万平方米，其中超过10万平方米的展览中心就有8个。会展的大规模带来的不仅仅是经济效益，也带来了大量的信息。

就展览而言，由于展览的主办者组织了大量的商品，有大量的客户参加展会。这些客户有生产商，也有经销商，观众可以在短期内接触到大量的商品信息和参展商的信息。由于会展具有行业集中性，那么，参展商经常会在展览中推出自己的新产品、新技术，观众可以从展会中轻松地获取当前一个领域或一个地区的商品发展水平。

三、会展经济的含义及作用

所谓会展经济就是通过举办各种形式的会议和展览展销，能够带来直接或间接经济效益和社会效益的一种经济现象和经济行为，也被称为会展产业或会展市场。会展活动涉及酒店住宿、信息通讯、场馆建设、交通运输、旅游考察、商务谈判等服务贸易行业。因此，会展除自身能带来的经济效益外，也为某一地区的整体经济提升和人员就业作出了巨大的贡献。据统计，我国发达地区的会展对经济的拉动系数已达到1∶10。会展经济能产生巨大的利润和促进经济的繁荣，对提升一个地区的整体形象、提供就业机会、带动其他行业发展起着积极的作用，具体表现在以下几个方面：

（一）会展经济对社会综合经济效益提升作用巨大

2004年7月，沈阳"第二届华商企业创新合作交流会"上共有19位副部级以上领导、400位海外客商莅会，东三省有近千家企业在主会场和分会场与华商和华侨华人进行了项目对接和洽谈。在本届"华交会"上，45个最具代表的项目在辽宁国际会馆现场签约，东三省吸引32.41亿美元的项目投资，为当地经济的发展作出了贡献。

会展经济一般被认为是高收入、高盈利的经济形式，其利润率在20%～25%以上。从国际上看，全球每年国际性会展总开销达2800多亿美元。德国的汉诺威、美国的纽约和芝加哥、法国的巴黎、英国的伦敦、意大利的米兰等都是世界著名的"展览城"，会展业为其带来了巨额的利润。如美国一年举办的200多个商业展会带来的经济效益超过38亿美元，仅一年一度的"RSNA芝加哥"展览就为芝加哥带来高达1亿美元的收入；法国的展会每年营业额达85亿法郎，展商的交易额高达1500亿法郎，展商和参观者的间接消费也在250亿法郎左右。

（二）会展经济对相关产业经济拉动力作用明显

会展经济不仅本身能够创造巨大的经济效益，而且还可以带动交通、旅游、餐饮、住宿、通信、广告等相关产业的发展。据专家统计，近年来，我国发达地区会展拉动系数为1∶10，即会展的收入如果是1，相关的产业收入则为10。就拿1999年《财富》论坛来说，它给上海带来的财富令人吃惊，短短3天时间，仅酒店的收入就达数百万美元，其他行业如交通、广告、旅游等收入也不菲。又如2000年北京国际车展，仅餐饮住宿的收入就超过了300万美元。再者，会展经济还可增加就业机会。据测算，每增加1000平方米的展览面积，就可创造

近百个就业机会。如1996年在德国汉诺威举办的世界博览会，创造了10万个就业机会。对于人口众多的中国来说，通过会展经济增加就业机会更为重要。1999年昆明世界园艺博览会使整个云南省的旅游业火爆起来，旅游收入达174亿元，进而带动了相关行业的40万～50万人就业。

（三）会展经济为企业提升商誉、推广新产品等提供了舞台

在市场竞争日益激烈的情况下，企业都想寻找机会收集市场信息、促进产品销售，而参加会展无疑是一个契机。一方面，企业通过参加会议和展览，可以及时、准确、低成本地获取各种有效的信息。然后，根据这些信息，实施恰当的市场营销组合策略。另一方面，企业在展览会上通过产品尤其是新产品展示，可以诱导甚至创造消费者的需求。如2000年11月在德国纽伦堡国际会展中心举行的德国国际空调展示会上，海尔空调展示了其新产品的环保、节能、个性化的特点，刺激了欧洲各国经销商的需求。在参会的3天时间里，海尔空调就成交1亿美元，成为3天展示会最大成交的单一产品。再者，企业通过会展寻找客户可以降低营销费用。据英联邦展览业联合会调查，通过推销员推销、广告、公关等一般渠道找到一个客户，需要成本219英镑，而通过展览会，成本仅为35英镑。此外，企业还可以利用会展展示企业良好的形象。

（四）会展经济成为一些国家、地区或城市经济的新增长点，为加速城市建设、提高城市知名度提供了平台

没有污染、绿色环保的会展经济日益受到政府的关注。它为城市带来了巨大的利润和良好的社会效益。一个成功的会展活动，犹若一粒加速剂，刺激着一方经济的全面活跃。因此，就出现了不少城市因会而旺。在巴黎，一年重要的国际会展多达300多个，享有"国际会议之都"的美誉。而德国的汉诺威通过举办世界博览会，缩短了不同文化之间的距离，改善了德国的国际形象。我国的大连原本是一个以重工业为主的城市，自20世纪80年代末以来，该市通过举办"大连服装节"，不仅使大连成了一个享誉全球的城市，而且还促使其建成了一大批具有国际水准的基础设施，使大连成为东亚国际会展中心城市；昆明为了举办1999年世界园艺博览会，投资了216亿多元，建成了218公顷的场馆群等设施，使昆明的城市建设至少加快了10年；珠海原来只是毗邻澳门的一个小镇，当1996年它成功地举办了第一届中国国际航空航天博览会后，珠海的名字在中国乃至世界便更加响亮了。难怪珠海市主要领导说："航展对珠海来说不是负担，而是一项资源，是难得的机遇。"

●历届世界博览会举办国的展览会场景色

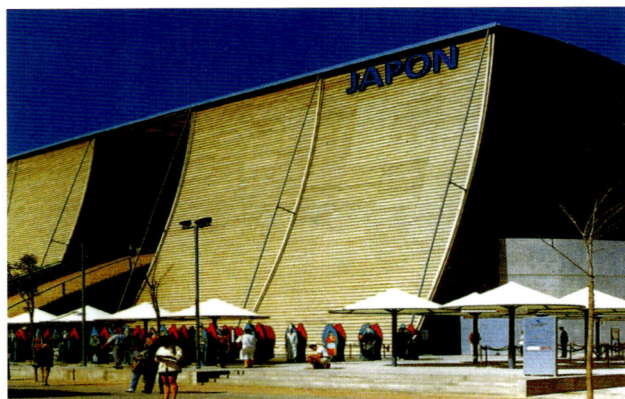

（图1-3）

（图1-4）

（图1-5）

（图1-6）

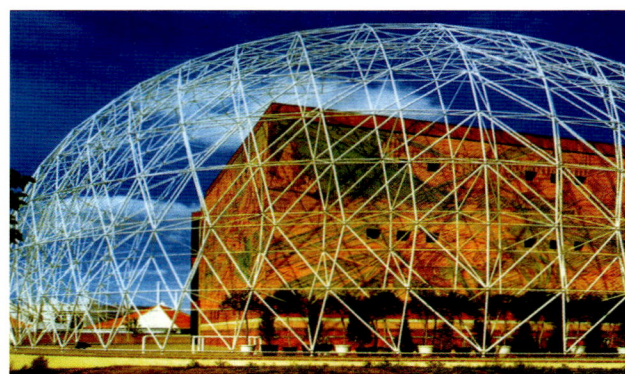

（图1-7）

四、我国会展经济的现状

我国会展业从小到大，发展速度不断加快，行业经济效益逐年攀升，成为各地经济发展的新亮点。截至2006年底，中国内地拥有2000平方米以上的各类会展中心和展览场馆约170家，可用于展览的总面积达到536万平方米，其中2/3是室内展馆，1/3为室外展馆，展览面积位居世界前列。然而，会展经济高速发展过程中，我国会展业也存在不少问题。

（一）会展人才资源建设迟缓

会展经济是智力经济，一次成功的会展需要有一大批高素质的专业人才进行精心策划。但遗憾的是，我国在这方面的人才奇缺。虽然我国目前号称有数百万的会展业大军，但是，无论是会展组织者、管理者、施工人员还是为会展提供其他服务的人员素质偏低，很多人是"半路出家"，从相关专业转行过来。会展从业人员分工不明确，大多数人没有自己的专长，缺乏会展方面的必备素质和国外先进的会展经营策略。

此外，我国的会展经济还未形成专业化分工协作的格局，为会展提供配套服务的技术、信息、理论研究等相对滞后。同一批人员既是展览组织者，又是展览管理者和展览项目的实施者。从展品征集到展品运输、布置直至为参展提供吃、住、行等服务均由同一批人承担，这在很大的程度上降低了会展的效率。据悉，上海市已洞察到这一问题，其除重视培养高素质的会展业策划人才外，还注重提高广大会务接待服务员的素质。上海专门颁发了《会务接待服务员技术等级标准》，制订了会务接待服务员的教学文件，编写了配套的培训教材。此外，还要塑造出专门从事会展工作的名牌展览公司，并使会展经济早日向专业化分工协作迈进。只有涌现出更多的高素质的展览人才和名牌展览公司，才能使我国会展经济的质量和效益不断提高。

（二）展馆缺乏科学整体规划

中国大型展馆的建设已经达到了惊人的速度，规模也达到惊人的地步。西安国际会展中心面积10万平方米，总投资45亿元；武汉国际博览中心场馆面积20万平方米，加上22万平方米的星级酒店和3万平方米的会议中心，总投资达70多亿元。据统计，近年来国内新建面积在1万平方米以上的展馆就超过30个，这一数据超过了被称为"世界展览强国"德国的全国展馆面积。

会展经济并不是有了场馆就有了展览项目，很多场馆建成后的经营和运转往往陷入困境。例如，几年前南京、厦门和沈阳等地的部分展馆因为无法维持而

不得不转让展馆产权。2006年海南和广东的一些展馆又出现了重蹈覆辙的结果。设施一流的展馆相继建成后，如何经营才能让它正常运转，成了各地政府的一个沉重负担。一些城市领导为了保证展览场馆的运行，亲自出面到相关部门和协会拉展览。尽管各地推出了许多优惠的扶持政策，加紧人才培训工作，但成功的展会怎么开展，巨大的场馆如何经营，交给谁去经营，都成了各地政府亟待解决的问题。

中国会展经济研究会的调查数据显示，与我国展览会数量每年递增20%的速度相比，近年来，展览场馆单位面积的收入正在逐年下降，2002年下降31.3%，2003年下降25.1%，2004—2007年下降速度有所放缓，但下降趋势依然明显。

（三）会展活动缺乏宏观调控和行业自律，相关法律不完善

我国自2005年以来，相继出台了《展会知识产权保护管理办法》、《公园举办经济贸易展览会审批管理办法（修订）》、《上海市展览业管理办法》、《关于实行品牌展会排期保护的通知》等一批法律法规。但是，对于公园办展的市场准入、项目审批程序、对公园办展活动的监督管理以及会展由半政府行为向市场化转变过程中的法律规范较少，对于我国高速发展的会展经济来说，相关法律的配套还是滞后的。

我国在会展经济的宏观调控和行业自律方面缺失，特别是在会展管理方面方式不多，力度不够。有些会展的主办者随意收费，任意涨价，使得参展商望会展而却步。这种极不规范的市场短期经济效应，不但不利于会展经济规模扩大和利润提高，反而会挫败人们对会展经济的信心，甚至还有一些展会的组织对参展者只收费，不进行任何资质的审查，会展活动名副其实地演变成了场地租借，导致一些展会办成了集市、庙会，给一些心术不正的参展人员提供了宰客骗人的场所和机会。例如在上海举行的全国五金商品交易会上，展区里有卖木耳、松子、低档首饰、劣质工艺品的，甚至还有不知何处的医生搞专家义诊的，令不少合格的参展商大为不满，严重挫伤了交易会的信誉。有些地方政府在办展会上一手包办，致使不少展会既无特色，又无实质内容。不仅没有发挥会展经济应有的作用，反而劳民伤财，浪费了大量的人力、财力、物力。

综合上述，虽然我国目前在会展经济活动中还存在着诸多不完善的地方，但是随着我国会展活动的不断深入发展和全国展览行业协会的成立，相信会展经济在社会经济中定能发挥更大的作用。

第二节 会展的分类

一、会展的基本类别

目前，会展的类别划分形式多样，但是总体来说可以根据会展的规模、会展的内容和会展的时间来进行划分。

根据会展的规模，可以分为国际、全国、地区、本地四个层次。本地会展的规模相对小，旨在吸引附近的参观者，如城市举办的房展等；地区性会展一般是全国性会展的一部分；国际会展的参展商和观众往往来自许多国家，例如：中国出口商品交易会、亚洲信息技术展览会等。随着经济全球一体化的发展，在我国举办的国际性展览将会越来越多。

按会展的内容划分，可分为综合性会展和专业性会展两类。专业性会展是针对某一领域、某一行业甚至某一项产品的会展，专业性会展一般是在进行产品展示活动的同时，举办各种与之相关的讨论会、报告会、新闻发布会，用以介绍新产品、新技术等。专业性会展的规模一般小于综合性会展的规模。综合性会展包括全行业或几个行业的展会，也被称做横向型展览会，其规模较大，内容也比较丰富。

按会展的时间标准划分，类别较多。第一种，定期和不定期会展。定期会展一年一次或者一年几次等；不定期会展则根据需要而定。第二种，长期和短期会展。长期会展指超过一个月的会展，有三个月的、半年的，甚至常设的；短期会展一般不超过一个月。在发达国家，专业展览会一般是三天。在英国，一年一次的展览会占展览会总数的3/4。根据英国展览业协会调查，3～6月及9～10月是举办展览会的旺季。在中国，会展业也有"金九银十"的说法。

（图1-8）中国—东盟博览会

（图1-9）广州建筑五金材料展博览会

（图1-10）地方民俗花灯展

（图1-11）中国国际商业贸易展览会展场景观

二、会议的分类

（一）根据会议的性质，可以将会议分为正式会议和非正式会议两类。

1．正式会议。是指需要作出决定的工作会议，正式会议必须按照会议规范的要求召开，包括：合法召开、有明确的议程、有规范的议程。

2．非正式会议。可能是临时召开的"碰头"会，或正式会议之前的协商会议。非正式会议通常是用来解决特定的问题，而不是讨论整体性主题。非正式会议不一定要事先通知，可以随时召集。会议的结束可能是一个计划、一项解决方案，或者是关于召开正式会议的建议。

（二）按照举办单位划分，可分为公司类会议、社团协会类会议、其他组织会议。

1．公司类会议。会议规模大小不一，小到几个人，大到上千人。公司类会议的数量极其庞大，但是由于很多公司并不愿意对外宣传内部会议，所以公司类会议的数量很难准确统计。公司类会议的主题通常是管理、协调和技术等，具体可分为：销售会议、经销商会议、技术会议、管理者会议、董事会会议、股东会议等。

2．社团协会类会议。会议因人数和性质的不同而互不相同，规模从小型地区组织、省市级协会到全国性协会乃至国际性协会不等。社团协会大致可以细分为：行业协会、专业和科学协会、教育协会、技术协会等。行业协会是会展业最重要的市场之一，因为协会的成员多为业内成功管理人员。社团协会类会议通常伴有展览会。

3．其他组织会议。

（三）根据会议的规模，即参加会议的人数多少，会议可以分为：小型会议、中型会议、大型会议、特大型会议四类。

1．小型会议。会议人数小于100人，少则三五人，多则几十人。我们日常能主办和能参加的绝大多数工作会议，均属于小型会议，如：工作例会、决策会。

2．中型会议。出席人数在100～1000人之间的会议，它是小型会议与大型会议的过渡。

3．大型会议。出席人数在1000～10000人之间的会议。

4．特大型会议。出席人数在10000人以上的会议，如：重大节日庆典、大型表彰会、庆功大会等。人们记忆深刻的是在天安门广场举行的大规模集会，如：开国大典等。

（四）按照会议的性质和内容划分，会议又可以划分为以下几种类型：年会、专业会议、论坛、座谈会和其他会议等。

1．年会。指为某一特定主题展开讨论的聚会，议题涉及政治、经贸、科学、教育或者技术等领域。年会通常包括一次全体会议和几个小组会议。年会可以单独召开，也可以附带展示会，最常见的周期是一年一次。参加年会全体会议的人员通常比较多，一般要租用大型宴会厅或会议厅。小组会议上讨论的是具体问题，所租用的是小会议室。

2．专业会议。议题通常是具体问题并就其展开讨论，可以召开分会，也可以只开大会。就与会者人数而言，专业会议的规模可大可小。

3．论坛。论坛的特点是反复深入地讨论，一般由小组组长或演讲者来主持。它可以有许多的听众参与，并可由专门小组成员与听众就问题的各个方面发表意见和看法，两个或更多的讲演者可能持相反的立场，对听众发表讲演而不是互相讲给对方听。主持人主持讨论会并总结双方观点，允许听众提问。

4．座谈会、专题讨论会。座谈会和专题讨论会比论坛要正式和严谨一些，由主持人或演讲人进行一种陈述讲演，有一些预定好的听众参加。与论坛相比，与会者在座谈会和专题讨论会中在平等交换意见的气氛和特征方面要弱一些。

5．其他会议。它包括专门会议、代表会议、展示会、学会、动员会、检查会等。

（五）新型和新颖会议类。除以上提到的会议类型外，还有以下几种新型和新颖的会议类型：玻璃鱼缸式会议、辩论会、角色扮演、网络会议。

1．玻璃鱼缸式会议。这是一种非常独特的讨论会议类型。通常由6～8名与会者在台上或房间中心围成一圈，圈子中间留有一个空座。其他与会人员只能作为观众，坐在周围旁听，不能发言，只有那些坐在圈子里的人才可以发言。如果有观众想发言，他必须走进圈子里，坐在中间的那个空座上，发言完毕后再回到原座位。

玻璃鱼缸式会议通常有主持人参加，他可以参加"玻璃鱼缸"的讨论，也可以只负责维持会议按正常程序进行。听位于圈子中的与会者演讲，就像观看鱼缸或鱼箱里的鱼活动一样，所以人们给其取名为"玻璃鱼缸"会议。

2．辩论会。是指两个人或两个团体就某一问题展开辩论，一方为正方，一方为反方。例如，我们应当提高服务价格吗？正在开发的新产品对公司是否有利？政府新颁布的政策对旅游业会产生什么影响？国家是否应当争取奥运会举办权？任何具有两面性的问题都可以成为辩论会议的话题。

辩论会有很多好处，它着眼于问题的正反两面，可以向观众展示不同的观点和看法。辩论会通常会带来观念或过程的进步，因为辩论过程可以暴露不少问题。

3.角色扮演。一般人可能不会想到开会时使用角色扮演这一会议形式。不过，根据讨论话题的不同，角色扮演有时会将一个问题诠释得更好。在美国一个年会上，与会者曾经就特权授予人和被授予人之间的调停仲裁问题采取角色扮演这一会议形式。大家通过这一形式对相关问题进行了详细阐述而不是将其简单诉诸法律。这一方法获得很大成功，因为它经过了充分准备，而且所有仲裁问题，如律师是如何同仲裁人打交道的，又是如何和客户打交道的，都被一步一步解释得非常清楚。另外，还有一名讲解员对案例的背景和事实给予陈述。

4.网络会议。随着现代科技的发展和广泛运用，网络会议逐渐成为一种新的会议形式。网络会议使用的是一种被称为流动媒体的技术。简单来说，就是利用多媒体技术，通过视频来召开的会议。这对那些由于各种原因不能参加会议但仍对某些日程感兴趣的成员来说是个福音。由于是通过网络传递，所以不存在时间和地点上的障碍。网络会议对公司召开培训会议非常有利，它不必再让有关人员乘坐飞机去往目的地，可以节省飞行、住宿、伙食、地面交通等许多费用。

三、展览的种类

展览会名称虽然繁多，其基本词却是有限的，比如英文里的fair、exhibition、exposition、show，中文里的集市、庙会、展览会、博览会，其他名称都是这些基本词派生出来的。

集市：在固定的地点，定期或临时集中做买卖的市场。集市是由农民（包括渔民、牧民等）以及其他小生产者为交换产品而自然形成的市场。集市有多种称法，比如集、墟、场等。在我国北方，一般称作集；在两广、福建等地称作墟；在川、黔等地称作场，在江西称做圩；还有其他一些地方称谓，一般统称做集市。集市可以认为是展览的传统形式。在中国，集市在周朝就有记载。目前在中国农村，集市仍然普遍存在，集市是农村商品交换的主要方式之一，在农村经济生活中起着重要的作用。在集市上买卖的主要商品是农副产品、土特产品、日用品等。

庙会：在寺庙或祭祀场所或附近做买卖的场所，所以称作庙会。常常在祭祀日或规定的时间举办。庙会也是传统的展览形式。在中国，庙会在唐代已很流行。庙会的内容比集市要丰富，除商品交流外，还有宗教、文化、娱乐活动。庙会也称作庙市、香会。广义的庙会还包括灯会、灯市、花会等。目前，庙会在中国仍然普遍存在，是城镇物资交流、文化娱乐的场所，也是促进地方旅游及经济发展的一种方式。

展览会：从字面上理解，展览会也是陈列、观看的聚会。展览会是在集市、庙会形式上发展起来的层次更高的展览形式。在内容上，展览会不再局限于集市的贸易或庙会的贸易、娱乐，而扩大到科学技术、文化艺术等人类活动的各个领域。在形式上，展览会具有正规的展览，是使用最多、含义最广的展览名称，从广义上讲，它可以包括所有形式的展览会；从狭义上讲，展览会是指贸易和宣传性质的展览，包括交易会、贸易洽谈会、展销会、看样订货会、成就展览等。展览会的内容一般限定为一个或几个相邻的行业，主要目的是宣传、进出口、批发等。

博览会：指规模庞大、内容广泛，展出者和参观者众多的展览会。一般认为博览会是高档次的，对社会、文化以及经济发展能产生影响并能起促进作用的展览会。

四、我国主要会展简介

（一）中国出口商品交易会

中国出口商品交易会（简称广交会）创办于1957年春季，每年春秋两季定期在中国南方最大的沿海开放城市广州举行。会期为15天。交易会由46个交易团组成，有数千家资信良好、实力雄厚的外贸公司、生产企业、科研院所、外商投资/独资企业、私营企业参展。汇集展示10万余种中国出口商品，供到会客商看样选购、洽谈成交。每次交易会都有来自世界160多个国家和地区的5万余名客商到会，成交额逾100亿美元。目前，广交会已发展成为中国规模最大、层次最高、成交效果最好、传统性、综合性、多功能的国际贸易盛会，对促进中外经贸合作和技术交流作出了重要贡献（图1-12）。

广交会贸易方式灵活多样，除传统的看样成交外，还举办网上交易会。交易会以出口贸易为主，也做进口生意，还可以开展多种形式的经济技术合作与交流以及商检、保险、运输、广告、咨询等业务活动，来自世界各地的客商云集广州，互通商情，增进友谊。

（二）博鳌亚洲论坛

博鳌亚洲论坛类似于但又有别于"达沃斯世界经济论坛"，是一个非官方、非营利、定期、定址的开放性国际组织，其宗旨为：1.立足亚洲，深化亚洲各国间的交流、协调与合作；同时又面向世界，增强亚洲与世界其他地区的对话与经济联系；2.为政府、企业及专家学者等提供一个共商经济与社会等诸多方面问题的高层对话平台；3.通过论坛与政界、商界及学术界建立的工作网络为会员与会员之间、会员与非会员之间日益扩大的经济合作提供服务。

"亚洲论坛"的概念一经推出即获得亚洲有关各国的积极响应。1999年10月8日，时任中华人民共和国副主席的胡锦涛在北京接见了专程为"亚洲论坛"来华的拉莫斯和霍克。胡锦涛在认真听取了两位前政要员有关"论坛"构想的介绍后，表示中国政府非常重视并且支持多层次、多渠道、多形式的地区合作与对话，认为论坛的成立将有利于本地区国家间增进了解、扩大信任和加强合作。同时，胡锦涛还强调，中国也希望进一步了解其他国家的反映，因为论坛的建立必须得到有关国家政府的重视、理解和支持。此后，亚洲其他25个国家的政府也相继对成立"亚洲论坛"表明了支持立场。

在有关各方的共同推动下，博鳌亚洲论坛大会于2001年2月26~27日在中国海南博鳌举行。包括当时的日本首相中曾根、菲律宾总统拉莫斯、澳大利亚总理霍克、哈萨克斯坦总理捷列先科等26个国家的前政要和政府代表出席了大会。中国国家主席江泽民、马来西亚总理马哈迪尔、尼泊尔国王比兰德拉、中国国务院副总理钱其琛、越南副总理阮孟琴等作为特邀嘉宾出席大会并发表了重要讲话。大会宣布博鳌亚洲论坛正式成立，通过了《博鳌亚洲论坛宣言》、《博鳌亚洲论坛章程指导原则》等纲领性文件，论坛取得了圆满成功并受到国际社会的广泛关注。期间，26个发起方的所在政府首脑、商业团体和联合国秘书长安南等纷纷向大会发来了热情洋溢的贺电，祝贺论坛正式成立。

（三）北京国际汽车展

北京国际汽车展是中国第一大国际车展，每两年一届，定期举办，逐步与国际接轨，经过十余年培育，一届比一届走向成熟。第七届展览会由中国机械工业联合会、中国汽车工业总公司、中国国际贸易促进委员会、中国汽车工业协会主办，由中汽对外经济技术合作公司、中国国际贸促会汽车行业分会、中国汽车工程学会、中国国际展览中心集团公司联合承办。

第七届北京车展的规模已跻身世界汽车展会的前八名，与德国法兰克福、日本东京、北美车展等并列。

北京车展目前已成长为一个具有影响力的品牌车展。许多汽车企业，特别是国际汽车国企业已将北京国际汽车展列为A级展会。这意味着，这些企业只要在中国参展就会首选北京车展（图1-13）。

（四）上海国际工业博览会

简称"上海工博会"，是中国唯一的、国家级的、以高新技术产业和现代工业装备为展示主体的大型工业博览会，每年11月在上海举办。"上海工博会"以"信息化带动工业化"为主题，立足"用高新技术和国际先进技术改造我国传统工业，加快提升我国工业的整体素质和国际竞争力"的基本宗旨，努力将信息化和工业化、国际化和工业化结合起来，实现产品交易、产权交易和技术交易"三位一体"的交易功能，使"上海工博会"成为高新技术和用高新技术改造传统工业的产品展示中心、评估中心、交易中心（图1-14）。

"上海工博会"立足服务全国，支持西部开发，为全国各省市企业、高等院校、科研院所和技术、产权交易所提供展示形象、结交客户、促进交易、走向国际市场的舞台，也是产、学、研相结合，加快实施科技成果产业化的重要场所；"上海工博会"不断提高国际化水平，广泛邀请世界各国企业、风险投资机构参展，成为中外经济技术交流和经济、贸易合作的桥梁。

国家经贸委、外经贸部和上海市人民政府于1999年12月13日共同创办首届"上海工博会"以来，主办单位新增了教育部、中国科学院、中国贸促会等8家，展会规格得到全面提升。全国30多个省区直辖市企业中，中国石化、中国石油、宝钢、鞍钢、武钢等大型企业组成了最强阵容参展，并且占据了40%的展位，使"上海工博会"成为名副其实的国家级展会。

微软、IBM、朗讯、西门子、GE、罗氏、强生、艾默生、3M、道康宁、大宇、阿尔卡特、摩托罗拉、FAG、沃尔沃、飞利浦、爱普生、康柏、德尔福、英特尔、索立克、阿尔卑斯、邦迪等世界知名企业的参展，把"上海工博会"的国际化程度提升到一个新的高度，开创了中国展览业新纪元。

（五）上海国际电影电视节

上海国际电影电视节创办于1993年，从2001年起，已由原来的每逢单年的10月举办，改为每年的6月与上海国际电影节同时举办。上海国际电影电视节整合电影电视两节的"人气"，它的交易市场于2002年6月9日在上海世贸商城开幕。影视合流的"交易会"规模空前，展厅面积达12000平方米。不少导演、演员都亲临展台为节目做"立体推销"（图1-15）。

（六）中国上海国际艺术节

经过多年的磨炼和提升，中国上海国际艺术节规模持续扩大，内容逐渐丰富，艺术水平不断提高，不仅为中外观众奉献了精美的文化盛宴，也加深了各国人民之间的了解和友谊，而且提高了上海的国际文化地位，展示了中国的国际文化形象。

中国上海国际艺术节正在与世界著名艺术节同步、接轨。其主要特点有：

等级高、品位高、质量高。俄罗斯国家莫斯科模范大剧院芭蕾舞团的《天鹅湖》、奥地利维也纳轻歌剧院的《风流寡妇》、瑞士贝嘉现代芭蕾舞团的《生命之舞》等，都是世界经典剧目。

剧目新、创意新、成果新。大型京剧《中国贵妃》、话剧《狂飙》、现代打击乐《响趣》等，都给观众以耳目一新的感觉。

亮点多、看点多、热点多。亚洲音乐节、艺术博览会、魔术节、青年钢琴赛，使艺术节增强了国际性、参与性、竞争性。

容量大、规模大、影响大。2002年首创的南京路步行街"天天演"活动，有50多万人在现场观看演出。

（七）大连国际服装节

大连国际服装博览会暨服装出口洽谈会由中国国际贸促会、香港贸发局、国际羊毛局、中国纺织出口总公司和大连市政府等单位主办。作为大连国际服装节的主要经贸活动，大连国际服装博览会和服装出口洽谈会得益于蕴藏活力的市场经济的沃土，得益于主办单位的共同努力和中外参展商、贸易商的积极参与，不仅在总体布局上具有国际现代气派，在邀请贸易商与参展厂商直接见面、洽谈订货方面也成效显著，因此每年吸引了大批中外厂商，参展水平一届比一届高，成交额一年比一年多，生机盎然，长盛不衰，已发展成为当今中国颇具规模和影响的国际服装交易会。

从第一届到第十届，共接待来自欧、亚、澳、北美30个国家和地区以及国内25个省、自治区的参展商约5000家；参观人数超过百万人次，累计成交额百亿元人民币。除服装交易之外，博览会和出口洽谈会每年还组织海外的时装设计、流行趋势讲座、中外服装交流会、参展商新闻发布会以及模特展销表演等活动，从多个侧面围绕着服装这个主题，为两会增添了广泛的功能和服务。

（八）中国国际航空航天博览会

简称中国航展，是国务院于1996年批准举办的唯一一个集产品展示、经贸洽谈、技术交流和飞行表演于一体的大型国际性展会，每年在珠海举办一次，是世界五大国际航展之一（其余四大航展为巴黎航展、英国范保罗航展、莫斯科航展和新加坡航展）。

主办单位由中国国防科工委、中国民航总局、改组后的中国航空工业第一和第二集团公司、改组后的中国航天科技和中国航天机电集团公司、中国国际贸易促进会以及珠海市人民政府等八个单位共同组成。

（图1-12）机械工业展

（图1-13）汽车展

（图1-14）电子科技展

（图1-15）影视艺术展

（九）中国华东进出口商品交易会

简称"华交会"，是中国定期举办的规模最大的区域性进出口商品交易会之一。每年举办一届。近年来，"华交会"注重专业化、国际化、市场化特色，获得海内外客商好评。2001年"华交会"到会客商首次突破1万人，出口成交15.32亿美元。

为期7天的"华交会"还吸引了众多专业客商和国际买家。沃尔玛等国际连锁商业企业到会采购，日本、韩国、马来西亚、俄罗斯等国家及香港、台湾的贸易促进机构、商会等也曾组织企业到"华交会"现场洽谈。

（十）广州博览会

广州博览会以搭建国内外经贸洽谈桥梁为宗旨，每年举办一届，自1992年举办第一届以来，现已成功举办了十多届，成为国内会展界的又一生力军。广博会累计达成国内外贸易总额超过150亿元，协作项目1206个，项目投资总额超过800亿元，利用外资46亿多美元。如今，广博会在对外窗口、对内辐射、经贸合作等方面发挥了重要的桥梁作用。广博会的国内贸易总额从首届的11亿多元发展到第十届的23亿多元，计划投资额比首届增加一倍多，达到106亿多元。

第三节 国内外会展业的现状及发展趋势

一、我国会展业的现状、问题及出路

（一）我国会展业的现状

中国会展业与改革开放同步发展，市场经济的繁荣为会展业注入了生机和活力，使之以年均15%～20%的速度递增，并在短短20年中成长为一个新兴产业。会展业在贸易往来、技术交流、信息沟通、经济合作诸方面发挥着日益重要的作用，在中国经济舞台上扮演着越来越重要的角色。一批在国内外影响越来越大的国际专业展开始脱颖而出，如：北京国际汽车展、北京国际通信展、上海国际家具展、上海国际模具展、珠海国际航空展等，它们在展览规模和服务质量等方面已接近国际水准，并被列入全球行业展览计划，参与全球行业展览竞争。目前，经外经贸部批准的具备主办和承办来华展和出国展资格的展览公司200多家，形成了百舸争流、千帆竞渡的竞争态势，计划经济条件下那种由贸促会独家办展的垄断局面已经打破。与此同时，各类为展会服务的运输、搭建、广告等公司如雨后春笋纷纷涌现，形成了百花齐放、春色满园的喜人局面。由于在经济、人才、信息、技术、市场等方面优势突出，北京、上海、广州、大连、厦门、深圳、成都等城市的展馆建设日臻完善，会展功能开始突现，展览业蓬蓬勃勃、蒸蒸日上，占据了我国展览业的半壁江山。

总体来说，我国会展业现状具有以下几个方面的特点：

1. 展览项目持续增长，规划不断扩张。

中国会展业可谓"起步晚，发展快"。我国1997年的展览项目数首次突破1000个，到2001年突破2000个，2002年就超过3000个，2005年为3800个。就展览项目的国际比较而言，我国已居亚洲第一，世界第二，项目数仅比美国少一些，成为一个"展览大国"。但是，我国的展览项目绝大多数是中小项目，规模大的项目和品牌项目屈指可数。尽管这些展览的总展出面积也是一个巨大的数字，但就展览收入而言，我国还不是一个展览强国。

2. 展馆兴建热潮高涨。

近年来在发展城市会展经济热潮带动下，各地大建展览场馆的势头一浪高过一浪。现在许多城市已不完全为了发展会展经济，而是从城市举办各种会展活动的公益角度考虑，把展览场馆作为城市的必要基础设施，纷纷规划建设展览场馆。有些地方政府把会展作为"政绩工程"，无规划地进行场馆建设，造成浪费，这样是不可取的。

目前，我国的展览场馆数量在全世界可排在第三位，仅比美国和英国少一些。展览场馆的总面积也在全世界位居前列，但出租率比展览发达国家而言要低得多。

3. 展览主办多元发展，政府主导色彩浓烈。

在我国，展览活动多年来一直是政府促进贸易、投资、技术、文化交流等事业发展的重要促进手段与载体。加上我国经济体制带有很强的政府主导性特征，因此，我国的展览活动大量由政府或半官方机构主导，这也是有别于全世界其他展览大国的一个显著特色。

就展览主办机构而言，尽管目前参与者众多，多元化特征明显，但大体上有五大办展主体，即政府（包括政府及部门、政府临时机构、贸促会等半官方贸易促进机构）、商协会、国有企事业、民营企业、外资企业。从法律意义上来看，在我国，主办机构是办展的主体和主要民事责任单位，但我国的展览活动大部分另有承办单位。从承办单位来看，企业承办的比重正呈现越来越大的趋势。我国的政府主导型展会项目数世界第一。许多大型活动特别是中央和省级以上政府机构或全国性协会主办的展览，其主办方往往由数个不同机构共同组成，承办者往往是主办单位的下级政府机构。

目前我国对展览主办企业并没有特别规定任何入行"门槛"，近年来各地新注册的与展览相关的企业数以千、万计，尽管其中大部分都有主办展览的资格，但是，目前真正能独立主办或与其他机构联名主办的民营企业还是凤毛麟角。

4.会展地区集中程度高，经济发达地区领先。

目前全国除西藏外，各省市都有了自己的展馆，或多或少都有在本地举办的展览活动，并且，越来越多的省份提出要大力发展展览业。但是，中国的展览业实际上主要集中在少数几个省市，而且集中程度相当高。就城市而言，公认的三大展览城市是北京、上海、广州，三者可进入世界展览中心城市百强；以省份为单位来看，广东、北京、上海、浙江、江苏居前五位。这也反映了我国展览业主要集中在制造业和经济发达省份的现状特点。

5.展览直接收入增长缓慢。

相对于展览项目数的地位，我国的展览直接收入比很多国家都少得多，展览经济总量比不上美国、德国、日本、英国、法国、澳大利亚等国家。展览收入占GDP比重在发达国家一般在0.1%～0.2%，而我国目前这一比重还不足0.08%。这说明我国展览的产业化和市场化程度还很低，就展览收入而言，我国还不是一个展览大国。

6.会展行业协会组织发展迅猛。

从全国层面看，酝酿已久的"中国会展经济研究会"经国务院同意，国家民政部已经正式批准其成立。除此之外，与会展业务有关的其他全国性协会、学会等也设立了与会展有关的分支机构。例如，中国展览馆协会属下设立了展览组织专业委员会、展览工程专业委员会和展览理论研究专业委员会；2005年4月12日中华全国工商业联合会批准筹建会展业商会。

同时，地方性会展协会组织也不断发展，并成为规范地方会展业发展的重要力量。例如，2005年1月，安徽省会议展览协会经安徽省政府批准挂牌成立，该协会的成立标志着安徽省会展业进入了全新的发展阶段。2005年8月，广东会议展览业协会成立了展览装饰分会，这不仅标志着广东展览装饰业终于拥有了自己的权威行业组织，更重要的还预示着展览装饰行业将纳入协调行业规范管理，促进行业走上健康和谐发展的轨道。

7.会展业区域合作发展迅速。

2005年5月，上海和南京、杭州、宁波四市国际贸易促进委员会发起成立了长三角贸促机构联席会议，并在上海举行了主题为"充分发挥区域资源优势，共创长三角概念展览品牌"的第一次会议。针对长三角各地展览活跃、国际影响力却甚微的现状，"四市"国际贸易促进委员会准备借此次成立长三角贸促机构联席会议的契机，利用市场机制推进区域经济的协调发展，真正实现优势互补、共同繁荣，以"长三角"为名，做出展览业中的国际品牌。

同时，首届东北中心城市会展联盟在吉林市召开了第二次工作会议。长春、大连、哈尔滨、吉林、沈阳等五城市会展会议管理机构负责人及相关工作人员出席。广东省商业联合会会展协作专业委员会也在东莞举行了成立大会，其目标是整合和共享资源，共同做大广东的会展经济。这个具有联盟性质的机构吸引了珠江三角洲40多家大小展览公司。

8.国际化进程明显加快。

伴随着中国政府近年来出台的一系列促进展览业对外开放的政策措施的贯彻落实，中国展览业的国际化程度进一步提高，国际展览巨头通过合作办展、设立合资公司等形式，大举进军中国会展业。一方面，英国、美国、德国、意大利、日本等国际展览巨头与国内展览企业联合办展蔚然成风。例如，中美两国携手打造的消费电子博览会——2005中国国际消费电子博览会（SINOCES）在青岛成功举办；中国五金制品协会与德国科隆国际展览有限公司签订自2006年开始，长期在中国联合主办"中国国际五金展"（CIHS）协议。另一方面，合资合作会展公司不断成立。锦江国际集团公司与世界排名第二的旅游集团——日本株式会社JTB签约合资成立会展公司，此举标志着中国和日本两个大型旅游"航母"将携手开拓上海乃至中国的会展市场。

（二）我国会展业的主要问题及出路

中国的会展业由于历史的原因，直到20世纪80年代才进入起步阶段，比欧美发达国家晚了几十年。进入90年代后，会展业以每年15%～20%的增速发展，经过近三十年成长，为我国经济发展作出了重要贡献。但是，会展业成长过程中，也出现了一些问题。

1.专业化组织协调人才缺乏。我国会展活动的主办者大都对会展经济没有一个正确的认识，并且从会展活动的组织者、管理者和从业人员来看其素质还有待提高。这些非专业化的组织者对于会展经济的信息掌握不充分，不懂得将会展活动与旅游等服务性行业结合起来进行，往往是亲自安排在会展过程中参展人员的食、住、行、游、购、娱等活动，这不仅降低了会展活动组织的效率，还会因为对旅游业的不熟悉而降低参展人员在会展活动中对举办地的满意程度，影响会展活动的效果。另一方面，从会展专业学习出来的专业人才很少，大多数人是从管理、艺术设计、营销等专业转行而来，会展专业知识储备不多。这种"半路出家"的人员，远远不能满足我国高速发展的会展经济所需。

2.会展活动的档次普遍不高。我国的会展活动近几年来日渐活跃，全国各省市县每年都有会展活动举行，这是一个可喜的现象，说明人们已经开始注重办会展了。可是我们也要看到，在全国举办的名目繁多的会展活动中，真正产生良好经济效益，产生较大的社会、国际影响力的并不多。主要表现在以下几个方面：（1）会展市场秩序混乱，鱼龙混杂，会展过多过滥，有些地方甚至出现了会展"泡沫"现象。一些城市日日有展，甚至"一日多展"。许多展览和会议既无特色，又无实质内容，重复办展现象严重，使参展者的利益无法得到保护。（2）我国举办的会展大多规模不大，如我国专业展览会的规模大多在2万平方米以下。（3）多数展会缺乏明确定位，组织管理模式落后，同国际知名展览相比，常会让参展厂商有"食之无味，弃之可惜"的感受，有些展会甚至成为处理滞销商品的场所。这种现象的出现在一定程度上误导了人们对会展活动的理解，无形中降低了会展经济的社会地位。

3.会展活动的管理体制有待完善。我国目前还未设立专门的会展活动的管理机构，一般都由会展的组织单位向政府的相关部门申报、审批。但由于这些政府机构不是进行专业化的管理，对所申报的会展活动的经济效益和社会影响的估计不够或完全不加以估计，再加上这种审批的手续繁杂、时间过长，导致了一些档次不高、影响力不大的会展活动的出炉，而一些真正具有经济价值、社会影响力的会展活动则因审批效率过低而丧失了良好的市场机会。

4.没有统筹的规划，盲目开发。从会展经济在世界的发展状况看，一个国家和一个地区的会展实力和发展水平是与其综合经济实力和发展水平相适应的，会展经济发达的国家和城市具有几个共同的特征：（1）自然条件优越，气候温和，风光秀丽，交通便捷；（2）经济文化都比较发达，在国际上有相当的知名度；（3）有较高的对外开放度；（4）有发达的会展硬件设施和相关的展览服务业。由此可见，并不是所有的城市都有条件发展会展经济，更不是所有城市都可以将会展经济作为城市的支柱型产业来开发。近年来，会展经济在我国兴起的热潮，使得众多城市都不约而同地提出发展会展经济的构想，许多中心城市和省会城市纷纷兴建现代化的大型展馆，着力培育"会展经济"，甚至一些城市在财政并不宽裕的情况下，斥巨资兴建大型会展场馆，争先恐后四处招商，最终造成重复建展，恶性竞争，资源闲置及浪费。

5.过度细分下的恶性竞争。从目前会展业现状看，几乎大大小小的行业都已经有了自己的专业会展，后来者为了与已经举办成功的专业会展争夺现有市场，同时还要体现一些自我特色，唯一的方式就是进行专业的细分和再细分。然而专业会展市场的细分也不是无限度的，细分过度的结果是缺少规模，导致招展困难。在各种专业会展的市场空间越来越小的压迫下，多个同质化的专业会展同时或在一段时间内重复办展的现象频频发

生，为了扩大自己的客源，无实质性内容差异的会展提供者只有通过相互杀价来争夺客源，由此造成会展的规模越来越小，利润空间也越来越小，使得许多会展开始面临生存的危机。

6.各自为战的多元管理。举办机构多元化是制约我国会展业提高竞争力的重要原因之一。目前，我国举办会议和展览的主体主要有政府及有关部门，各个行业协会、学会、群众团体组织、咨询公司、展览公司、各种媒体机构及各类企业等，由于没有严格的资格条件限制，造成了一些会议和展览水平低，组织管理混乱，重复办展现象严重。

随着我国经济的发展及对外开放的深入，我国的会展产业必将受到国外发达会展强国的严重威胁，因此无论是从眼前还是从长远利益考虑，我们都需要尽快跳出会展业不良的经营模式，寻找其发展的新思路。

1.转变政府职能，政府要从直接办会展中退出。会展业属服务业范畴，会展活动首先是经济活动。经济活动就一定要按市场规律和规则办事，否则市场就会处于混乱和无序发展状态，就不会得到真正的健康发展。当前，国内会展市场出现的重复办展、低水平办展，会展设施大量重复建设，与政府部门大量地直接介入会展业，直接主办，直接组织，直接补贴，有很大关系。政府直接投资建设会展中心产生的后果就是竞相攀比，盲目建设，造成场馆的大量闲置与浪费。因此，对于纯企业行为的建设，可以不必审批，但对于政府的投资，应该从严控制。政府在会展活动中的主要职能转变后，各市场主体在会展业发展的分工可以形成三个层面：政府、行业协会、企业，各自职能分工有所不同。在会展业市场化发育成熟的条件下，作为第一层面的政府必须从市场淡出，其职能是制订规划、营造环境、提供政策、加强调控、协调服务。作为第二层面的行业协会，是联系政府与企业的纽带和桥梁。第三层面的企业（会展公司）是会展业发展的主体。三个层面按各自职能运作，才符合会展业市场化运作的规律，会展业才能有生机和活力。

2.充分发挥会展行业协会职能作用。在一个成熟的市场经济中，政府管理企业的职能更多是通过非政府的行业管理协会来实现，行业协会承担起该行业的主要管理职能。在一些会展业比较发达的欧美、亚洲国家和地区，政府管理会展行业的职能已经和会展行业协会紧密联系在一起，共同合作，相辅相成。会展行业协会既是会展企业的代言人，又是执行政府政策的可靠助手。因此，会展行业协会作用发挥得好坏，直接关系到会展业的发展。会展协会作为社会中介组织，应努力朝着民间性、代表性、服务性和非盈利性的方向发展，人员和职能要与政府部门脱钩。政府要明确地把一些管理职能

放给协会，使协会真正拥有一定的权力。协会要制订健全行业管理章程，完善自我管理、自我约束、自我发展的机制。当前，政府应扶持会展行业协会建立"四个系统"，"四个系统"分别为：（1）评估系统。会展行业协会应在事前对会展机构的资质进行审核，对办会展的可行性进行审核，对参展商入场的标准进行审核；事后对所办会展进行具体量化的客观评估，并为政府对优秀会展机构实施奖励提供客观有效的资料依据。（2）客户资源管理系统。会展行业协会应对各种展会的主办单位、承办单位、参展商、客户进行登记造册，并加以沟通和管理。（3）会展信息系统。对国际、国内、省内的各种展会及本市各会展机构所办会展情况，建立起详细的信息数据库，以供业界人士参考利用。（4）会展统计系统。会展业的规范发展，离不开科学的统计手段和方法。为此，应采用科学的统计方法，研究制订会展业统计体系和统计方法，加强会展经济统计工作，将会展业纳入科学的统计范畴，为会展业的良性发展提供依据。

3.加强会展市场的整顿和规范，推动会展配套服务社会化、市场化、产业化。当前，由于我国会展业发展起步晚，全国会展市场秩序还不太规范，产生了许多混乱现象。这既有管理上的问题，也有机制上的原因。例如，审批管理不规范，容易产生批文倒卖现象；市场信用混乱，容易导致办展欺诈，挂羊头卖狗肉，搞一锤子买卖；假冒伪劣商品通过展览会、展销会流入市场，容易使人对会展市场失去信心；展馆服务不规范不到位，容易产生闹展、罢展等现象。因此，应该尽快明确会展业的行业主管部门，制定统一实施的法规，加强对会展市场的整顿，规范会展市场。与此同时，要进一步鼓励会展配套服务行业的发展，在竞争中进行跨地区、跨部门的战略重组，使一些大型会展的综合保障、招展、招商等逐步社会化、市场化、产业化。

4.顺应趋势，整合资源。从世界范围看，会展业发展至今，以知识和信息为主要生产要素的新经济对会展产业的发展模式，特别是管理模式和管理者素质都提出了更高的要求。越来越多的行业协会开始寻求与会展专业公司的合作，与其合资组成股份公司，转移对会展的全部或部分经营权，有的甚至把会展业完全移交给专业展览公司。在会展经济发达的法国，展览公司和场地公司也是分开的，其目的在于公平竞争，并保证分工的高效率。同时在新经济时代，展览公司的发展已能够摆脱空间和时间的限制，直接面对全球资源和全球市场，越来越多的企业从竞争走向合作，结成战略联盟进行优势互补。为此，我国的会展企业也必须顺应趋势，在形成有效分工的前提下，运用各种手段进行资源整合，提高企业运作的质量和层次。

5.改变观念，更新经营模式。传统的专业会展是以参展商为中心，参展商被看做是会展企业的目标市场，参展商的参展费是会展存在的经济基础，没有大量的参展商，任何一个会展都不可能支撑下去。以参展商为中心的会展观相对于以自我为中心的会展观，已是经营观念上的一大进步。但是，这也导致了把追求参展商数量作为主要的会展目的，在会展业形式单一的情况下必然导致同行业、同类型会展的激烈竞争。事实上，参展商是把参加会展作为自己的一种营销手段，参展商参加会展，是想通过它向其商品的专业参观者传递信息，确定其商品的目标市场。也就是说，参展商品目标市场的存在，才是吸引参展商前来参展的根本原因。会展的存在以参展商的存在为前提，参展商的存在以专业参观者的存在为条件，专业参观者的存在又以展品目标市场的存在为背景。所以，会展理应以展品的目标市场为中心。

6.改进服务水平，加快人才培养。会展业属于第三产业的服务业，它不同于第一、二产业，是一个营销的过程，关键是人才、客户和服务，对资金的需求并不突出。服务水平的提高不仅要提高软件服务，如设立相关的服务商、法律咨询机构、专业观众检录系统，还要改善硬件设施建设，如设立邮局、必备的商务服务部门和专线交通等。会展专业人才奇缺是制约会展业发展的瓶颈，因此加快会展专业人才培养迫在眉睫。有关部门应及时组织举办会展专业人员的培训班、讲座。这种培训班、讲座非常重要，因为大专院校的学生从现在起少则3年，多则4～5年才能掌握专业理论，日子久远，远水解不了近渴。现在从事展览工作的人员大多具有实践经验而缺乏理论知识和先进、现代的展览管理手段，若能通过短期培训，可达到立竿见影的效果。

7.会展应走向产业化和品牌化。随着我国服务贸易领域的开放，外国会展公司的大举进入加剧了我国会展市场的竞争，促使了我国会展业面向市场，在竞争中进行跨地区、跨部门的战略重组，组建展览集团，实现资本扩张，提高企业组织规模，走上产业化之路。会展业必须树立品牌意识，找准展会的龙头，发挥城市会展业的整体效应，才能加速会展经济发展。现在，经济全球化已成必然趋势，会展业的发展也不例外。从长远看，发展本地会展经济，必须面向国际，形成品牌。世界著名的展览城市，无一不是如此：提到德国的汉诺威，我们就知道这座城市里有电信技术、机械和设备工程等行业的著名展览会；被称为"展览之都"的法国巴黎，时装、化妆品等展览在世界有名，且始终领导世界潮流；而香港是以珠宝、皮草、玩具等展览著称。不难看出，一个城市展业的品牌与其本身的经济及产业发展特点是密切相关的。要大力发展会展经济，必须根据自身经济发展方向，树立会展业的城市品牌。树立品牌展会须有明确的定位。如果是具有成功办展经验并一直运作国内知名展会的公司，就须随时关注国际市场的行业走势，并主动与国外的相关机构强强联合，努力扩大展会在国际市场的知名度。

8.积极引进外资，提高会展业利用外资的质量和水平。随着会展的发展，外资进入我国会展业的数量越来越大。在看到外资抢占我国会展市场份额的同时，也应看到外资的引入能够提供我国展览业设备改造和技术革新所需的资金，能够带来会展业经营和运作的先进理念和管理技术，从而在一定程度上推动我国展览业的健康发展。因此，我们应在为我所用的原则下积极地引进外资，尽快实现会展业的规范化发展。

9.利用本土优势。目前，世界各国的会展都是由本国的行业组织来主办的，不仅要得到外国的参展商认可，更主要的是还要得到本国企业的积极参与。在这方面，国内会展公司较国外同行有明显的优势。但目前我国许多企业对参展不够重视。因此国内会展公司应利用本土优势，比国外公司更早地使国内企业认识到会展作为企业之间的一个有效的商务平台，具有其他营销媒介不可比拟的优越性，企业通过参加会展进行产品推广、树立品牌形象将成为企业的重要营销活动。提高国内企业对会展功能的认识、加强企业的展示能力对我国会展经济的健康发展无疑有着重大意义。

10.谋求多元发展。因我国的会展业已将步入白热化竞争时代，一些刚起步或在会展界举步维艰的会展公司，要开发新项目已实属不易，为求得生存，不妨考虑一下与国内外知名的展会合作，专做展会代理商赚取佣金，同时也可从大公司学到一些良好的展会运作经验。代理展会也需注意一些常识，如与国外的名展合作时要考虑一下，我国的参展产品在国际市场是不是具备竞争力，国内企业赴外参展后能否起到促销效果；反之，为国内名展寻找国外参展商时，又要考虑该行业在我国的竞争现状，国外厂商是否有急于抢滩中国市场或扩大在华市场份额的意愿，这些都是决定代理招展成败的关键。中国是当今世界上GDP增长速度最快的国家之一，是世界第一人口大国，但中国在国际会展业中地位远不能与中国的国际地位相匹配。

二、国外会展业的基本情况及发展趋势

（一）国外会展业的基本情况

会展业在国外发展已有很长历史，其办展内容、功能和展会的组织等方面已相当完备，了解国外会展业发展情况，对于我国会展经济的健康快速发展，具有很强的借鉴意义。

1.欧洲遥遥领先。欧洲是世界会展业的发源地，经过一百多年的积累和发展，欧洲会展经济整体实力最强，规模最大。在这个地区中，德国、意大利、法国、英国都是世界级的会展业大国。例如，德国会展业的突出特点是专业性、国际性的展览会数量最多、规模最大、效益好、实力强。在国际性贸易展览会方面，德国是第一号的世界会展强国，世界著名的国际性、专业性贸易展览会中，约有2／3都在德国主办。按营业额排序，世界十大知名展览公司中，也有六个是德国的。每年，德国举办的国际性贸易展览会有130多个，参展商17万家。在展览设施方面，德国也称得上是头号世界会展强国。德国现拥有23个大型展览中心，其中，超过10万平方米的展览中心就有8个。目前，德国展览总面积达240万平方米，世界最大的四个展览中心中，有三个在德国。

2.后起之秀——美洲。北美的美国和加拿大是世界会展业发展较快的国家，每年举办的展览会近万个，其中，净展出面积超过460平方米的展览会约有4300个。举办展览最多的城市是拉斯维加斯、多伦多、芝加哥、纽约、奥兰多、达拉斯、亚特兰大、新奥尔良、旧金山和波士顿。

经济贸易展览会近年来在中美洲和南美洲逐步发展起来。据估计，整个拉美的会展经济总量约为20亿美元。其中，巴西位居第一，每年办展约500个，经营收入8亿美元；阿根廷紧随其后，每年约举办300个展览会，产值4亿美元；排在第三位的是墨西哥，举办的展览会近300个，营业额2.5亿美元。

3.非洲大陆——南非与埃及齐头并进。非洲会展经济发展情况基本上与拉美相似，　主要集中于经济较发达的南非和埃及。南非凭借其雄厚的经济实力及对周边国家的辐射能力，其会展业在整个南部非洲地区处于遥遥领先的地位。北部非洲的会展业以埃及为代表，埃及凭借其在连接亚非欧和沟通中东、北非市场的极有利地理位置，会展业近年来发展突飞猛进，展览会的规模和国际性大大提高，每年举办的大型展览会可达30个。当然，由于种种条件所限，大型展览会一般都集中在首都开罗举办。除南非和埃及外，整个西部非洲和东部非洲的会展经济规模都很小，一个国家一年基本上举办一个到两个展览会，而且受气候条件的限制，这些展览会不能常年举办。

4.亚洲紧追欧美。亚洲会展业的规模和水平应该说比拉美和非洲要高，尤其是规模仅次于欧美。日本是本地区唯一的经济发达国家，其会展业发展水平较高。在其他的国家中，东亚的中国及中国香港地区、西亚的阿联酋和东南亚的新加坡，或凭借其广阔的市场和巨大的经济发展潜力，或凭借其发达的基础设施、较高的服务业发展水平、较高的国际开放度以及较为有利的地理区

位优势，分别成为该地区的展览大国。以新加坡为例，该国的会展业起步于20世纪70年代中期，时间并不算早，但新加坡政府对会展业十分重视，新加坡会议展览局和新加坡贸易发展局专门负责对会展业进行推广。另外，新加坡本身具有发达的交通、通讯等基础设施、较高的服务业水准、较高的国际开放度以及较高的英语普及率，新加坡2000年被总部设在比利时的国际协会联合会评为世界第五大会展城市，并连续17年成为亚洲首选会展举办城市，每年举办的展览会和会议等大型活动达3200个。

5. 大洋洲一枝独秀。这一地区会展业发展水平较高，但整体规模则小于亚洲。该地区的会展业主要集中于澳大利亚，每年约举办300个大型展览会，参展商超过5万家，观众660万人次。

纵观世界会展经济在全球发展情况，不难看出，一国会展经济实力和发展水平是与该国综合经济实力和经济总体规模及发展水平相适应的。发达国家凭借其在科技、交通、通讯、服务业水平等方面的优势，在世界会展经济发展过程中处于主导地位，占有绝对的优势。而且，由于会展经济本身反过来对经济发展具有较大的推动作用，发达国家的会展经济与其他经济部门相辅相成，互相促进，在互动中实现良性循环，共同为整个国民经济的快速发展发挥着积极而主要的作用。正因为如此，世界各国政府都十分重视会展业的发展，在制订经济发展战略和城市发展规划时，积极考虑本国会展业发展的需要，做出有利的安排。

（二）国外会展业的发展趋势

从整体上看，国际会展业当前的发展水平与发展格局同世界经济发展总体状况是基本一致的。大多数发达国家拥有开展展览活动的良好基础，它们办展经验丰富，品牌展会众多，会展业竞争力强。随着世界新经济秩序的逐步建立和各国科技水平的普遍提高，国际展览业将呈现以下发展趋势。

1. 会展市场进一步细分，展览形式更趋专业化。

在国际上，专业性的展览已成为会展业发展的主流，代表着会展经济的发展趋势。与一般的会展相比，专业展览具有针对性强、参展观众质量高、参展效果好等特点，因此近几年来综合性展览会的举办数量不断减少，许多综合性展览会都不同程度地转为专业性展览。原来的一些综合性的展览已经被细化分为若干个专业展。如汉诺威工业博览会就是由若干个专业展（如机器人展、灯具展、仪器仪表展、铸件展等）组成的综合性展览会。此外，由于专业展览会能够集中反映某个行业或其相关行业的整体状况，并具有更强的市场功能，因而从产生之日起就受到世界各国特别是会展城市的青睐。如汉诺威的工业博览会，杜尔多夫的国际印刷、包装

展，纽伦堡的玩具展，香港的珠宝、玩具展，米兰的国际服装展等。专业化是展览业发展的必然趋势，因为只有具有明确的展览主题和市场定位，展览会才对参展商或与会者有足够的吸引力。

2. 会展场馆不断增加，展览规模不断扩大。

随着展览业的竞争日趋激烈，各举办机构已不再局限于吸引本国、本地区的参展商，而是把目标更多地投向国际市场，进而扩大展会在国内甚至是地区范围内的影响力，力争提高国际参与程度。一些国家的地方政府对展览业大力扶植，在大型展览场馆的基础设施建设上，欧洲一些国家的地方政府几乎投入了百分之百的资金。例如德国慕尼黑展览中心，巴伐利亚州政府和慕尼黑市政府投入的建设资金占99.8%。此外，政府往往还会给予启动资金，鼓励展览中心贷款，而且采取贴息贷款方式。由于国家政府在政策等各个方面的大力支持，很多城市也想通过修建大型展览场馆举办一些大型的国际会展来提升城市的形象和扩大招商引资促进地区经济的发展，所有这些必然会导致展会的规模越办越大。

3. 业内强强联合，国际化趋势增强。

并购和联盟已经席卷了全球经济的各个领域，成为国际市场的一大焦点。作为国际化程度很高的会展领域也不例外。展览企业通过资本运作进行的兼并与合作，是一种典型的国际化运作，通过兼并与合作，可以利用国内、国际两种资源，开拓国内、国际两个市场，以获得资源的优化配置。目前，世界上许多展览业的大组织、大企业纷纷开始联合，以期优势互补，提升实力，打造业内超级航母。展览业虽然投入大，但回报快，是一个高额利润的行业，其利润率高达25%，因此业内的竞争十分激烈。国际展览业的巨头们为了降低成本、减少风险以便维护高利润率，正在以兼并与合作的方式建立战略联盟，进行国际化运作。如世界上两家著名的展览公司"端德"和"克劳斯"联姻，共同开发通讯和计算机展览市场。

4. 现代新技术的应用，为展览业的发展注入了新的活力。

信息技术、网络技术等科学技术的快速发展也为全球展览经济的发展注入了新的活力。随着科学技术的迅猛发展，尤其是科技革命带来的大量新工艺、新材料的出现，会展设备现代化已经成为会展业发展的一个不争的事实。实际上，设备现代化也是展览标准现代化、展览内容国际化、展览形式多样化发展的共同要求。更为值得关注的是，大量信息技术的应用，向网络求发展空间，又成为世界展览业发展不可回避的趋势。有关专家把这种以高科技产业为支撑，以知识经济、信息网络经济为主要内容的新经济对展览经济产生的影响，归纳为快捷、关联和效果三个方面。因为

借助网络信息的优势，可以为展商和参展观众双方带来极大的方便和效益。

5.会展新军崛起，举办国家多元化。

近几年，发展中国家尤其是亚太地区的新加坡、韩国、日本等国家和中国香港地区的展览业迅速崛起，在国际展览业中的地位得到显著提高。例如，素有"亚洲展览之都"之称的香港十分重视会展市场及其相关产品的开发，每年都有上千个国际会议和展览在香港举办。新加坡拥有良好的会展举办条件，每年在新加坡举办的大型展览和会议达3200多个。韩国和日本政府都特别重视本国展览业的发展，韩国正在努力使自己的展览业年增加7%以上。展览业作为当今经济全球化的重要国际交流平台，国际展览市场份额的大小对于一国的经济发展起着至关重要的作用，因而引起了世界各国的高度重视。大力发展本国的会展业，力争在国际展览市场这块大蛋糕中分享利益，导致会展的举办国打破传统的西方垄断趋势呈现多元化。

6.通过资本输出和移植品牌会展，抢占国际会展市场。

在世界会展业向专业化、国际化和集团化发展的过程中，欧美会展业已经相当发达，但是其国内发展的空间已经接近饱和。国际展览巨头为了谋求向全球发展，纷纷把目标投向海外，通过资本运作寻求低成本扩张，进入展览业相对落后的发展中国家市场。如美国的卡尔顿通公司以12.6亿美元的高价购下拉丁美洲约40个大型贸易展览会和相关的刊物杂志，德国的汉诺威展览公司直接收购上海一个有名气的地面装饰展览会。德国的法兰克福展览有限公司也已把每年春秋两季原在德国本土举办的国际消费品展览会(Ambient)移植到中国、日本和俄罗斯。这种跨国运作，既满足了国际市场的需求，同时也抢占了世界会展市场的份额。

（图1-16）

（图1-17）

第2章

会展业管理

第一节　会展业的基本构成要素

会展业的构成要素很多，是一个复杂的系统，一般认为，该系统的基本要素是：组展商、场馆供应商、参展商和观众。

一、组展商

组展商即展览组织者，组展商是展会系统的主体。凡以经营展览业务为盈利手段的单位都是展览组织部门。目前我国的展览组织者有专营、兼营和代理三种形式。在成熟的展览系统中，展览组织者这个要素是指专营展览业务的机构和部门，即展览公司和一些行业协会。展览组织者必须具备两个条件：一是与特定的参展厂商发生业务关系，有特定的服务对象；二是创造出服务的产品——展览会，即提供展示环境和信息。展览组织者在展览系统中的作用使它成为系统的主体。这是因为，参展厂商虽然是活动的起点，但它只是以服务对象的身份提出自己的服务要求，至于展览以什么形式和如何组织，能够取得什么效果，参展厂商是无能为力的；展览供应商提供展览的举办地点，它只能影响展览在什么地方举行，提供最基本的服务而一般不参与展览会的组织与运作；观众虽然是展览过程的终点，但他是既定展览的接受者，也不可能参与展示产品的生产过程。在展览系统中，只要展览组织者处于核心和支配地位，它不但决定展览的性质和形式，而且决定展览的最终效果，所以，展览组织者的状况在展览系统中起关键作用。

二、场馆供应商

场馆供应商即展示场所（展览馆或会展中心）的供应者。展览项目经过策划确定后，如果不通过场馆集中向专业观众和消费者展示，展览的意义也就不存在了。在展览系统中，场馆通过展览组织者与参展商、观众发生密切的联系。

一流展会的举办客观上要求有一流场馆。场馆会议设施作为发展会展业重要的战略资源，得到了社会各方的重视。在我国许多城市，建设现代化会展中心已成为政府工作的一项重要任务。

但是，有了现代展馆并不意味着就一定会增加会展收入。在北京，仅未来5年中就计划新增展览场馆面积50万平方米。然而，国外一位著名的展览专家对此评论说："场馆并不能创造市场，占有市场才能带来场馆。"展馆建设得过多、过快，超出了市场的需求，就必然要造成社会资源的浪费。在一个城市，往往只需要一个真正的展览中心，这就是经济学中的"路灯原理"：过多的路灯，并不能提高城市照明的效果，而只是浪费资源。

对于单个展馆而言，其利用率在达到60%～70%时，才可能发挥出最佳的市场效益。而我国展馆目前整体的利用率在10%～30%，这其中社会资源的浪费显而易见。

三、参展商

参展商亦称参展客户。参展厂商是展会系统最基础的要素，没有参展厂商的参与根本就不存在展览会。如果没有参展厂商的展览行为，就不会产生展览组织者和观众的行为，也就无所谓展览系统了。而且参展厂商数量的多少和行为活跃程度，直接关系着展会的生命。事实表明，越是参展厂商群体庞大、行业组织支持度高、展览竞争激烈的地区，展览系统越是活跃。

四、观众

观众可分为专业观众和普通观众。专业观众是指那些带有购买任务（订单）的观众，亦称采购商、买家或观展商。普通观众则指一般的消费者和对展会有兴趣者。

一个展会如果没有观众，那就是有"展"无"览"，这个展会是不完整的。因为参展者的参展效益取决于观众的好感和购买力，观众的数量和质量对展会的成功起着非常重要的作用。专业观众的水平可以清楚地反映出组展的能力。因此，世界各大展览公司在重视招展工作的同时，越来越重视对观众，特别是对专业观众的宣传、引导和组织工作。

第二节　会展项目管理的基本理论

一、项目及项目管理

（一）关于项目

所谓项目，是指一项独特的主题性工作，即遵照某种规范及应用标准去导入或生产某种新产品或新服务。这种工作应在限定的时间、成本费用、人力资源等各项参数的预算内完成。

根据不同的标准，项目可以有不同分类。如按项目的结果分类可以将项目分为产品和服务两类；按行业分类可以将项目分为农业项目、工业项目、教育项目、旅游项目、会展项目等。

（二）项目管理的内涵

项目管理是一门科学，因为它以各种图表、数值以及客观事实为依据，来分析问题并解决问题。它又是一门艺术，因为它受经济发展、人际关系、组织行为等因素的制约。在相互沟通、协商谈判、解决冲突等工作中对管理者提出很高的要求。

项目计划可以很简单，例如笔记本上列出的任务以及它们的开始和完成日期；也可以很复杂，例如包括成千上万项任务和众多资源以及上百万元预算的项目。

大多数项目管理工作涉及一些相同的活动，其中包括将项目分割成便于管理的多个任务、子任务，在小组中交流信息以及追踪任务的工作进展。

二、会展项目管理的具体内容

为了确保会展活动的协调、有序、高效，一个强有力的领导管理组织机构和一套相应的活动规则及机制是很必要的。会展管理的含义是：会展活动的主办者运用科学的决策、规划、组织、沟通和控制手段，以最佳的时间、最优的形式、最低的成本和最高的效率，合理配置会展资源，实现会展活动目标的过程。

会展项目管理的主要内容包括以下几条：

（一）会展人力资源

人力资源是会展活动的决定性要素。会展人力资源管理的任务是通过制订会展人力资源战备和人才工作计划，科学合理地设计会展工作岗位，做好会展人才的招聘、培训、服务、使用、协调等一系列工作，为实现会展活动的目标提供智力和人力保障。

（二）会展的信息化管理

会展活动从本质上来说是一种信息交流活动。信息是会展活动的起点，也是会展活动的终点。会展信息管理的具体任务是开展会展信息的收集、加工、传递、存贮等。随着计算机多媒体在会展业的应用，会展的信息化程度更加便捷。

（三）会展的财务管理

会展作为一种经济现象和经济活动，需要一定的资金投入，也会有一定的经济回报。会展财务管理的任务就在于编制财务预算、开辟筹资渠道、保证资金到位、实施财务监管、降低会展成本、提高会展效益。

（四）会展的广告宣传与推广管理

会展广告宣传管理包括会展活动本身的广告宣传和参展商、客商和赞助商的广告管理两个方面。

会展活动本身的广告是会展营销中最受重视和运用最广的促销策略和促销手段，是主办者与参会者、参展者以及众多观众之间的一座桥梁。它对宣传会展服务的品牌，树立和巩固会展形象，增强与会者、参展者和客商的信任度，提高招商、招展和会员招募的效率等有重要作用。

在会展活动过程中，参展商、客商和赞助商会利用场馆或媒体进行广告宣传。这类广告是主办者拥有的资源，是会展收入或资金筹集的重要渠道，因此，主办者要充分重视这类广告资源的开发利用，同时，在广告的内容、形式、发布时间和方式等方面进行有效管理。

（五）会展的品牌管理

品牌既是办展机构的一面旗帜，也是展会竞争优势的重要来源。品牌展会正受到越来越多的重视。一个展会经过营造，具有自己的品牌定位、内容、优势个性，得到目标观众的一致认可，那就成了品牌展会。

（六）会展的危机管理

我们正生活在一个错综复杂、充满变数的世界里，社会、企业或个人随时都可能遭遇危机。可以说，危机无处不在，危机无时不有。尽管许多会展企业经营管理者对"危机"一词还不太熟悉，但他们对"非典"、"骗展"、"展商投诉"等说法却一定不会陌生。简单地说，危机就是使一个组织的运营、生存、发展受到不良影响和严重影响的非常状态。危机管理像目前讨论的品牌管理、营销策略一样，对企业的健康发展也起着举足轻重的作用。

三、会展的人力资源管理

天时、地利、人和一直被认为是成功的三大因素。在会展项目管理中"人"的因素也极为重要，因为项目中所有活动均是由人来完成的。如何充分发挥"人"的作用，对于项目的成败起着至关重要的作用。

（一）会展人力资源管理概述

所谓人力资源管理，就是通过对人和事的管理，处理人与人之间的关系，组织人与事的配合，充分发挥人的潜能，并对人的各种活动予以计划、指挥和控制，以实现组织的目标。

会展人力资源必须具备以下几个方面的能力：

1.知识能力。对会展从业人员的知识能力可以概括为"博、精、深"。其中"博"是指会展从业人员应具有广博的知识积累，以适应不同工作内容的需要；"精"是指会展从业人员要精通会展业务的操作流程；"深"是指会展从业人员要具有丰富的实践经验，要能"资深"。

2.组织能力。会展活动涉及各个行业和不同的社会部门，而且，会展活动的最终目的就是将利益相关者组织起来取得"共赢"，因此，组织能力对于会展从业人员十分重要。

3.沟通能力。会展业从根本上来说是一种面对面、人性化的服务，因而，良好的流通能力有助于工作的顺利开展。这其中包括会展从业人员要具有较强的语言能力和交际能力。随着对外开放的逐步扩大，外语表达能力日益显得重要。

4.创新能力。会展活动的形式需要不断变化和推陈出新，只有不停地给人新鲜感，展览活动才可能对参展商和专业观众具有较强的吸引力。这种活力的源泉就是从业人员的创造性。

（二）会展人力资源管理策划要点

会展项目人力资源管理中所涉及的内容就是如何发挥"人"的作用。在会展人力资源的管理策划中，需要围绕组织计划编制、人员募集和团队建设三部分来进行。

1.组织计划编制。组织计划编制也可以看做战场上的"排兵布阵"，就是确定、分配项目的角色、职责和汇报关系。在进行组织计划编制时，一般需要参考资源计划编制中的人力资源需求子项，还需要参考项目各种汇报关系，如组织界面、技术界面、人际关系界面等。一般采用的方法包括参考类似的模板、人力资源管理的惯例等。

2.人员募集。在确定了会展项目什么时候需要什么样的人员之后，需要做的就是确定如何在合适的时间获得这些人员，或者说开始"招兵买马"，这就是人员募集要做的工作。

人员募集要根据人员配备管理计划以及组织当前的人员情况和招聘的惯例来进行。项目中有些人员是在项目计划前就明确下来的，但有些人员需要和组织进行谈判才能够获得，特别是对于一些短缺或特殊的资源，可能每个项目都希望得到，如何使你的项目组能够顺利得到，就需要通过谈判来实现。谈判的对象可能包括职能部门经理和其他项目组的成员。另外有些人员可能组织中没有或无法提供，这种情况下就需要通过招聘来获得。结束这部分工作后，我们就会得到项目团队清单和项目人员分配。

通常在大多数情况下，可能无法得到"最佳"的人力资源，但会展项目管理小组必须注意保证所利用的人力资源符合项目的要求。人员配置管理计划如前所述，它包括了项目人员配置的要求、人员组成说明等，当项目管理小组能够影响或指导人员分配时，它必须考虑可能利用的人员的素质。主要应考虑工作经验、个人兴趣、个性、人员利用等。

3.团队建设。项目团队是由项目组成员组成的、为实现项目目标而协同工作的组织。项目团队工作是否有效也是项目成功的关键因素，任何项目要获得成功就必须有一个高效的项目团队。团队发展包括提高项目相关人员作为个体作出贡献的能力和提高项目小组作为团队尽其职责的能力。个人能力的提高是提高团队能力的必要基础。团队的发展是项目达标能力的关键。

团队建设涉及很多方面的工作，如项目团队能力的建设、团队士气的激励、团队成员的奉献精神等。团队成员个人发展是项目团队建设的基础。

通常情况下，项目团队成员既对职能经理负责，又对项目负责，这样项目团队组建经常变得复杂。对这种双重汇报关系的有效管理经常是项目成功的关键因素，也是项目经理的重要职责。进行项目团队建设我们通常会采用以下几种方式。

（1）团队建设活动。团队建设活动包括为提高团队运作水平而进行的管理和采用的专门的、重要的个别措施。例如在计划过程中由非管理层的团队成员参加，或建立发现和处理冲突的基本准则；邀请团队成员积极参与解决问题和作出决策；积极放权，使成员进行自我管理和自我激励；增加项目团队成员的非工作沟通和交流的机会，如工作之余的聚会等，提高团队成员之间的了解和交流。这些措施作为一种间接效应，可提高团队的运作水平。团队建设活动没有一个定式，要根据实际情况进行具体的分析和组织。

（2）绩效考核与激励。它是人力资源管理中最常用的方法。绩效考核是通过对项目团队成员工作业绩的评价，来反映成员的实际能力以及对某种工作职位的适应程度。激励则是运用有关作为科学的理论和方法，对成员的需要予以满足或限制，从而激发成员的行为动机，激发成员充分发挥自己的潜能，为实现项目目标服务。

（3）集中安排。集中安排是把项目团队集中在同一地点，以提高其团队运作能力。由于沟通在项目中的作用非常大，如果团队成员不在相同的地点办公，势必会影响沟通的有效进展，影响团队目标的实现。因此，集中安排被广泛用于项目管理中。例如，设立一个"作战室"，队伍可在其中集合并张贴进度计划及新信息。在一些项目中，集中安排可能无法实现，这时可以安排频繁的面对面的会议形式作为替代，以鼓励相互之间的交流。

（4）培训。培训包括旨在提高项目团队技能的所有活动。培训可以是正式的或非正式的。如果项目团队缺乏必要的管理技能或技术技能，那么这些技能必须作为项目的一部分被开发，或必须采取适当的措施为项目重新分配人员。培训的成本通常由执行组织支付。

在会展项目的人力资源管理中，团队建设的效果会对会展项目的成败起到很大的作用，特别是某些较小的项目，项目经理可能是由技术骨干转换过来的，对于团队的建设和一般管理技能掌握得不是很多，经常容易造成团队成员之间的关系紧张，最终影响项目的实施。这就更加需要掌握更多的管理知识以适应项目管理的需要。

（三）我国会展业人力资源开发中的政府行为

对于目前刚刚起步的中国会展业人力资源开发，政府必须在市场导向下加强引导、服务、投入和监督。英明的政府引导可以减少企业、学校、培训机构、社会及劳动者等市场经济元素活动的盲目性；科学周到的政府服务可以帮助市场经济元素节约成本、提高效率；加大政府投入可以刺激各经济元素的活力，形成新兴的局面，从而吸引更多投入；政府监督是必不可少的大棒，其威慑力迫使经济各元素在利己时不损害他人。当前具体有以下几个问题需政府尽快解决：

1．加强与国际的联系，尽快建立我国的会展业教育培训体系。 新加坡、德国、美国等均已建立了一套完整的会展业教育培训体系，此外还有一些国际著名的展览机构，如国际展览局（BIE）、美国国际展览管理协会（IAEM）、德国经济展览委员会（AUMA）等。我国可以由政府出面与这些国家和机构联系合作，学习先进经验、派人员前往学习等。新加坡会展业和我国一样，是在短短十几年中迅速发展起来的，也经历过会展业人力资源瓶颈限制，但是新加坡政府及时采取有效措施大力扶持会展业人力资源开发，包括建立完整的会展业教育培训体系。建立我国完整的会展业教育培训体系，有利于指导和规范职业培训、高校教育。

2．对社会会展职业培训机构资格进行筛查，淘汰不合格者，对合格者加强监督和管理。 在以德国为首的会展业发达国家，会展职业培训的任务大部分由会展行业协会来承担，他们创建了一套系统完整的专业人才培养计划和内容，并分别通过课堂学习、工作实践、参与协会活动等方式给予学员各种机会，每完成一个专业的测定就给予一定的学分，累积到一定的分数后，协会将授予一个资格证书，整个过程管理非常严格。而我国会展职业培训市场散、小、弱、差，培训主体过于复杂，培训资格无严格限定，培训内容缺乏科学规划、缺乏实用性，流于形式，与国际脱轨、与实践脱离。

3．加强对高校申请开设会展专业资格的审查和办学过程中的监督、管理。 中国的会展教育处于扫盲阶段，无论是师资培养，还是教材的规范和课程的设置方面都还不够完善。众多院校缺乏对会展行业特殊性的了解盲目办校，或者是出于经济利益，不管师资条件如何，不对会展业劳动力市场的需求进行科学分析，模仿其他院校，照搬照套地就办起会展专业。高校办会展专业的盲目性主要体现在：(1)各类院校办会展专业趋于雷同，特色不明显；(2)会展专业开办多，但规范性不强；(3)会展课程发展快，但专业性较弱；(4)会展知识涉及广，但体系性差。国家主管部门对院校开设新专业要重点监督，审批时严格把关，检查不能走形式。

4．加大会展人力资源开发的资金投入。加大我国会展人力资源开发的资金投入，包括高校开设会展专业建设、学科建设、教师培养，对会展人力资源开发的科学研究以及派人员到国外进行学习等。尤其能够起到抛砖引玉效果的是科研项目的立项，由政府主持，面向全社会公开招标，这样可以明确政策导向，吸引经济、管理、商贸等相关专业的专家学者的积极参与，改变把会展行业研究归于旅游学术界的误区。

5.重点扶持几个会展业人才交流会,带动会展业劳动力市场逐渐走向成熟。 政府牵头组织在会展业发达的城市定期举办大型会展业人才交流会,面向全国,甚至全世界,形成品牌、名牌,这样势必会给会展业劳动力就业市场注入新鲜血液,而且有利于在整个劳动力市场吸纳优秀人才进入会展业,积累经验,交流传播,最后有条件的城市都可以定期不定期开辟规模不等的会展业劳动力市场,创造人才辈出的局面。

6.建立我国的会展业从业人员的资格认证制度。职业资格是个人从事某一职业必备的能力系统或基本条件。职业资格在人力资源开发中具有十分重要的作用,它可以为教育和职业培训以及其他各种人力资源开发提供具体的培养目标。目前我国还没有自己的会展业职业资格标准和认证制度,只有在上海、广州、北京这些大城市引进了国外的认证制度,因为存在本土化问题,无法普及全国,因此建立我国的会展业职业资格认证制度势在必行。

7.建立中国特色的会展行业协会。为了尽快改变目前会展业的混乱和低水平的局面,借鉴欧洲发达国家的有益经验,必须尽快成立全国性的和有权威性的会展业协会来规范、协调和管理会展劳动力市场,尤其在会展业培训上可以集中师资力量、净化培训主体、规范培训市场、提高培训质量。

四、会展信息化管理

信息化是指企业应用现代信息技术,在生产、管理、经营等各个层次、各个环节和各个领域中,采用计算机、通信和网络等现代化信息技术,充分开发、广泛利用企业内外部的信息资源,不断提高生产、经营、管理、决策的效率和水平,从而提高企业经济效益、增强企业竞争力的过程。

企业信息化不仅可以明显地改善和优化企业的资金流、人员流、物资流和信息流,而且会对企业现阶段管理模式产生强烈冲击,使企业管理不断创新,竞争力不断提高。因而,对企业的生存和发展具有深远的影响和巨大的作用。

（一）会展信息化的作用

1.优化会展企业各类资源。资源与资产的最大区别在于,资源的价值具有潜在性,可以通过高水平的管理最大限度地发挥它的价值,这就是资源优化。计算机和互联网技术的使用,为企业管理者提供了一个企业资源规划和整理的平台,提高了决策的效率和水平。任何企业的资源都可以分为有形资源和无形资源两种,会展行业同样如此。在贸易展览会行业,最主要的有形资源是展览场馆和资金,最重要的无形资源是客户信息和智力信息。

2.提高客户关系管理能力。展览业是一个特殊的服务业,面向商品生产领域和流通领域的大量客户,需要有强大的客户关系管理能力。欧洲最受行业公认的大型专业会展,一般参展商都有数千家,观众也可以达数十万人。客户群体规模越大,控制和分析客户信息、掌握客户关系的难度越大,计算机网络越能为此提供高效的管理协作。

3.提高会展服务的质量和效率。会展组织者为了给参展商和观众提供全面配套的服务,常常会尽自己一切可能开发宾馆预订、提供交通运输、安排就餐、展具出租等各种服务,这些相关业务往往由多个企业联合完成,它们之间的规范性、协调性关系到会展的服务质量。信息化管理系统以其强大的功能和高效的管理为会展组织者提供了很好的帮助。

4.发展会展的新领域。随着电子商务的广泛使用,电信运营商提供了种类繁多、日益便利的上网手段。目前,一些大的会展纷纷开设网上展览。2003年,因我国爆发"非典",广交会改变展会形式,实行网上展览,挽回了几十亿的损失。网上展会有不受地域交通限制、交易成本低、组织工作简单等优点,日益受到会展主办方的青睐。

（二）电子商务的主要功能

电子商务使会展通过网络实现展览交易,为会展的深入发展提供了新的思路。总体来说,会展的电子商务功能有以下几点:

1.网上交易。电子商务通过网页、电子邮件等实现参展商与客户的交流,促进交易的达成。企业通过自己的页面介绍和展示产品供客户浏览,一旦客户确认产品,就可以在网上填写订单,并且也可以通过网络方式和商家洽谈。

2.信息服务。电子商务通过服务传递系统将所有客户交易的商品尽快传递到已订货并付款的客户手中,对于有形商品,信息服务传递系统可以对本地和异地的仓库在网络中进行物流的调配,并通过快递业完成商品的传递。

3.网上支付。网上支付是电子商务交易过程中的重要环节,客户与商家可以通过网上金融机构实现电子支付方式网络化,随着网络银行的不断发展,银行业为网上会展将提供更加快捷、安全的服务。

4.商务洽谈。电子商务的利用,可以使参展商和客户在网上就产品信息、产品价格、贸易合作、技术咨询等进行交流,超越了面对面的洽谈限制,为异地商务洽谈提供了条件。

5.市场调研。企业的电子商务系统可以采用网页上的调查表等,及时收集客户对商品和销售服务的反馈意见,客户的反馈意见能提高网上交易的服务水平，使企业获得改进产品、发现市场商机的机会。

（三）网上会展的优势

1.规避商业风险。网络信息的传播不受任何限制，与传统的贸易展览相比，虚拟展览会有着自己独特的优势：时间灵活、操作简单、费用低廉。为了赶在固定的时间参加传统贸易展览会，参展人员必须提前制作样品、安排展品运输、购买机票、定宾馆房间，甚至在布展上费尽心思。参加一次会展，处理的事务很多，必须有计划地进行，否则会出现各种冲突。网上会展为企业节省了大量的商务活动经费，大大降低了企业市场公关成本，使企业有更多的资金实力参与其他环节的商业竞争。

2.网展内容更加丰富。网上会展打破了时间与空间的局限，不仅使客户双方建立起一对一、一对多和多对多的垂直接触，而且还可以长时间为双方建立往来服务，以利双方更快捷、更深刻、更细致地增进了解，提高贸易效率，增加贸易机会。网上会展除提供传统实物展会所具有的服务外，还提供"智能化"增值服务。对展会的流程管理和资源管理实现程式化、电子化、自动化。网上会展的迅速发展是未来会展发展的新趋势。

3.提高效率。网上会展充分利用了网络和计算机的快捷，可以大量节省时间和空间，降低人工劳动成本，解放了人力、物力和财力，真正达到了多方合作、多方共赢。

4.规范市场运营行为。网上会展对于会展业的重大应用价值是保持参展商和参展专业人员商贸渠道的畅通、维护客户关系、延伸会展业的电子商务增值服务。越来越多的政府和行业组织把工作重心进行调整，选择网上招商、网上会展，网展面临着一个难得的发展机遇期。

5.提高信息采集的准确性。由于使用计算机辅助功能，网上会展降低了人为的错误，网上宣传、网上交易等都会在网络上留下痕迹，这样的痕迹使信息收集更便利、及时和准确。

五、会展的财务管理

会展企业财务管理就是会展企业遵循客观经济规律，根据国家计划和政策，通过对会展企业资金的筹集、运用和分配的管理，从而利用货币价值形式对会展企业的经营活动进行综合性的管理。

（一）会展企业财务工作的主要特点

1.收入信息量大，对收入审计、核算方面的管理比较复杂。收入包括摊位费、会务费、报名费、赞助费、代办费等，内容多，弹性大，如果不加以审计控制，很容易出差错。

2.业务范围已超出纯会计业务。财务部包括会计部、成本控制部和采购部，具体工作还有收银、收入审计、总出纳等岗位。业务范围不单单停留在会计业务上，而有更多的管理内涵。

3.会展企业成本控制复杂。会展企业"商品"的特殊性，使成本控制的复杂程度提高。会展企业的商品说到底就是服务，而服务具有无形性的特点，因此成本控制非常复杂。

（二）会展企业财务管理的内容

会展企业财务管理的内容一般包括：筹资管理、投资管理、营业收入和利润管理、成本费用管理、财务预算、财务分析等内容。

1.筹资管理。会展企业为了保证正常经营或扩大经营的需要，必须具备一定数量的资金。会展企业要考虑从多种渠道、用多种方式来筹集资金，并且要考虑资金的期限使用长短、附加条款和使用成本的大小等。

2.投资管理。会展企业筹集的资金要尽快用于经营，任何决策都有一定的风险性，因此必须作可行性分析，对于新的投资项目，必须作更加深入细致的分析和研究。

3.营运资金管理。一般指流动资产减流动负债的余额。即饭店存于银行的现金，投资于易售有价证券，占用于应收账款与应收票据和存货储备等项流动资产的总额，减去在经营过程中发生的流动负债（应付账款和应付票据等）。营运资金直接影响到企业营运效率，因此非常重要。

4.成本费用管理。也就是对资金耗费的管理。降低成本费用是提高会展企业利润的根本途径。

5.财务预算管理。预算管理使企业管理从事后控制走向事先控制，并且是协调会展企业各部门活动的总纲领。

6.财务分析评价。提高经济效益是一切经济工作的出发点和归宿点，财务评价是经济工作不可缺少的部分。任何一个会展企业管理人员都应该懂得会展财务分析与评价方法。

（三）会展企业预算管理

1.会展企业预算的概念。所谓预算，就是用数字，特别是用财务数字的形式来描述企业未来的活动计划。而预算控制则是根据预算规定的收入和支出标准来检查和监督各个部门的生产经营活动。

2.会展企业预算内容。（1）收入预算：主要内容是销售预算。在销售预测的基础上编制的，即通过分析会展企业过去的销售状况、目前和未来的市场需求特点及发展趋势，比较竞争对手和本企业的经营实力，确定会展企业在未来时期内为了实现目标利润必须达到的销售水平。（2）支出预算。一般包括直接材料预算。直接人工预算、附加费用预算内容。（3）现金预算。对现金的流入流出进行预测。（4）资金支出预算。这是一种长期的具有投资性质的预算，包括：改造生产设施，如场馆；研究开发支出，如新产品研究费；人事培训与发展支出；市场发展支出，如宣传促销费用。（5）资产负债预算。编制预算的资产负债表。

3. 会展企业预算工作程序。（1）预算计划会议。包括以下内容：审视当年的经营情况；分析整个经营条件；分析目前的经营形势；分析价格；计算总的销售额。（2）部门预算计划。包括：营业收入、成本费用、利润等。（3）总经理的预算报告。包括：宏观条件、竞争、经营建议、特别项目、人事、设施、价格、资本改进、现金流。

4. 会展企业预算的作用。（1）经营活动具有可比价性。因为会展企业通过本期的或者是各期的会展活动预算可以进行横向的或者是纵向的比较。（2）为协调和控制企业活动提供了依据。预算编制与执行预算相联系，就可以使得会展企业的工作开展有了依据，控制也有了依据，特别注意的是，由于预算是财务标准，因此就为会展企业的各项活动确立了财务标准。（3）数字形式的标准，方便绩效衡量，客观可靠。由于预算是数字化的标准，可以量化、比较、考核和衡量，从而有了一定的操作性。（4）为纠正偏差奠定基础。有数字、有比较、有定量，自然为以后的校正偏差打下了基础。

（四）会展企业财务报表分析

财务报表（即会计报表）是反映财务状况和经营成果的总结性书面材料。具体包括：

1. 反映财务状况报表。主要报表有资产负债表、现金流量表。资产负债表是反映企业在某一时间节点资金状况的财务报表。

2. 反映收益形成及分配情况的报表。主要报表有：损益表、利润分配表、营业收支明细表等。损益表反映了企业经营的最终财力成果，即反映会展企业在一段时间内的利润情况。

3. 内部报表。企业根据需要制作的报表，如营业费用明细表、管理费用明细表、财务费用明细表、营业外收支明细表。

六、会展广告宣传与推广管理

展会的成功与否的重要标志之一即是参展数与参观数，文化展会以此实现文化主题的推广，商业展会以此实现经济效益。参加者的多少直接影响展会的规模、效果以及收益。随着展览业的不断发展，如何塑

造品牌展会的长期影响力和良好的声誉成为展会组办方的一大重要课题。展会宣传是吸引参加者、推广展会主题、树立展会品牌的重要手段，展会宣传的具体执行也应全方位立体化，通过综合运用各种宣传手段实现最佳的宣传效果（图2-1至图2-4）

（一）展会广告宣传的目的

1. 提升展会的知名度。提升展会知名度，就是要使展会品牌逐步从无名走向知名，这样，展会才会被其目标参展商和观众作为首选的对象。

2. 扩大展会的品质认知度。品质认知度是指目标参展商和观众对展会的整体品质或优越性的感知程度，它是参展商和观众对展会的品质做出的"好""坏"的判断，对展会的档次做出是"高"还是"低"的评价。

3. 创造积极的展会品牌联想。展会品牌联想是指在目标参展商和观众的记忆中与该展会相关的各种联想。包括他们以展会的类别、展会的服务、展会的价值和顾客在展会中的利益等的判断和想法。

4. 不断提升目标参展商和观众对展会品牌的忠诚度。目标参展商和观众对一个展会品牌的忠诚度越高，他们就越倾向于参加该展会，否则，他们就很可能抛弃该展会而去参加其他展会。

（二）展会宣传的手段

展会宣传在执行手段上是多种多样的，应根据财力、人力和展会本身的特性选择组合使用。当前比较常用的手段包括广告、新闻宣传、公共关系以及现场演示等。当然，传统的人员推广模式仍是适用的，特别是作为展会的组织者，利用现有条件开展与参展方之间的直接人员推广仍是相当有效的方式。特别是作为展会组织者的政府与协会等，可以采用直接发函、人员联系的手段进行相关的宣传。必须看到的是，展会的市场化程度越高，其宣传工作对市场化运作方式的依赖就越高。

1. 广告宣传的原则。（1）市场导向原则。要从展会目标参展商和观众的需求出发，通过展会广告来促进目标参展商和观众对展会的认同。（2）目标性原则。要通过展会广告来使展会在业界知名，赢得目标参展商和观众对展会品质的认知，提高他们对展会品牌的忠诚度，给他们带来积极的展会品牌联想。（3）系统性原则。展会广告执行本身是一个富有层次性的系统工程，要具有全局的视野，多角度的长远规划。（4）针对性原则。展会广告的主要对象，是展会的目标参展商和观众、展会的服务商以及办展机构自己的员工，极富针对性。（5）诚信原则。许多著名展会最终走向没落有一个共同的原因，那就是这些展会都没有实现自己最初对市场的暗示。一旦市场发现自己

被某个展会广告所欺骗，市场就会毫不犹像地抛弃展会，该展会也就没有立足之处了。

2.新闻宣传。新闻宣传费用一般较低，因为通常情况下新闻采访与报道是免费的，同时新闻报道的可信性较大，效果不错。新闻宣传必须在展会之前、期间和之后连续进行。展会组办方一般都在展会期间设有专门的新闻中心，该部门的工作人员应该具有良好的媒体背景，并能够与专业新闻人员有效地沟通，和记者、编辑等都能够保持联系。良好的人际关系有助于获得媒体最大支持并获得积极、正面的报道。

3.公关活动。为扩大展会影响，吸引观众，促进成交，展会组办方往往也要通过会议、评奖、演出等公关手段对展会进行宣传。这些公关活动通常不是单纯地为展会服务，还兼顾政策宣传、文化交流等社会责任。公关活动不仅可以帮助组办方争取到更多的来自当地政府的支持，同时也可以有效地在参观者中引起共鸣。

（三）广告策略的步骤

一个展会，尤其是大型展会，它传达给目标观众的信息是多方面的。从参展商的角度来说，制订广告策略应注意以下环节：

1.明确广告观众。展会的广告观众包括潜在观众和目标观众，从目标观众来说，他们是商品交易会的观众，是从参展商那里购买或预定产品、商品或服务的人。参展商应围绕目标观众制订广告策略。

2.设计广告内容。广告是瞬间决定成败的艺术。这一方面是由广告自身的特性所决定的，另一方面，观众也有自身的接受规律。因此，这对广告商的选择和广告内容设计提出了极高的要求。

（图2-2）运用汽车进行形象广告展示宣传

（图2-3）运用企业广告旗进行品牌形象展示宣传

（图2-4）运用会展的服务设施进行品牌形象宣传

（图2-1）运用海报形式展览展示宣传

3.制订广告目标。广告目标是整个广告活动要达到的最终目的。在展会的广告策略中，制订广告目标是最重要的一环。这个目标实际上就是广告活动在社会上展开以后引起的预期反应，以及由此产生的促销效果。

4.组合动用各种广告手段。广告活动可以涵盖广告、促销、公共关系等一切传播活动。整合传播的特性在于将广告扩展到与企业市场营销活动有关的一切信息传播活动中，而且为所有对外信息传播活动提供整体策略。

（四）媒体的选择

媒体的选择与组合使用必须考虑媒体的特性与使用方式，不同的媒体有着不同的规律。

1.现代传播媒体。电视和电台是覆盖面最广的媒体，其主要对象是消费者，因此，消费性质的展会可以使用。由于展会本身一般都具有较强的地域性，因此可以选择当地媒体，这样也可以降低成本。在网络技术发达的今天，参展商应积极借助网络，宣传自己，沟通信息。

2.印刷媒体。报纸，特别是综合性报纸是获得消费者和专业人员的理想途径，广告应准确无误地传递展会相关信息。某一专业领域往往有几家报刊，如果预算有限，就要选择影响最大的专业报刊。如果预算充足，可以多选择几家。

3.户外媒体。户外广告方式成本相对较低，效果却不错，它不仅可以实现宣传效果，同时还可以制造氛围。

七、会展的品牌管理

（一）品牌的概念

品牌是一个复杂的符号，它实质上代表着卖者对交付买者的产品特征、利益和服务的一贯承诺，如果仅仅把品牌当做一个简单的识别符号，则对品牌的理解就过于肤浅。名牌就是著名的品牌，即在市场竞争的环境中产生、得到目标顾客认可、具有较高知名度和美誉度、超群的市场表现以及巨额信誉价值的品牌。名牌的"著名"程度可以量化，并且其"著名"表现在以下四个方面：（1）极高的知名度。知名度是指某一品牌被社会公众认识和了解的程度，或者说是这一品牌在市场上有多少人知道以及知道些什么，它是一个量的指标。名牌都有极高的知名度。（2）崇高的美誉度。美誉度是指一品牌被社会公众信任和赞许的程度，或者说是社会公众对这一品牌如何评价的，它是一个质的指标。（3）超群的市场表现。一个品牌在市场上的表现通常有两个衡量指标，一是市场覆盖率，二是市场占有率。前者是指某一品牌所辐射的市

场范围的大小，后者是指某一品牌在全部同类产品销售量中所占的比重。

品牌对于企业来说，有以下几个方面的作用：

1.品牌是企业进行广告宣传的基础。在现代社会中，一个企业不仅要做得好，而且还要说得好，那么，企业究竟应向目标顾客说什么呢？只有品牌代表着产品质量和企业形象，而且品牌是目标顾客选购商品的最重要依据，因此，品牌最适宜作为企业的宣传对象。

2.品牌有助于企业避免被模仿或抄袭。随着技术进步，产品生产越来越趋向简单，而在当前专利保护不够健全的情况下，抄袭、模仿现象就日益盛行起来，即当一个企业开发出了某种产品后，往往有大批模仿者。如果企业有自己的品牌，并培养出了一大批的品牌偏爱者和忠诚者，那么竞争对手可以模仿自己的产品却不能模仿自己的品牌，从而对企业就不会造成过大的威胁。

3.品牌有助于企业积累无形资产。如果企业有自己的品牌，当不断进行广告宣传时，就可以使品牌不断增值，从而形成企业巨大的无形资产。反之，如果企业没有自己的品牌，即使投入再多的广告费，也难以积累成无形资产。

（二）会展品牌的构成要素

一个著名的品牌能救活一个企业，一个品牌化的展会同样也是一个会展公司赖以生存和发展的根本。品牌会展，是指具有一定规模，能代表这个行业内的发展动态，能反映这个行业的发展的趋势，能对该行业有指导意义并具有较强影响力的展会。与一般展会相比较，品牌展会具有四大基本特征：一是具有较高的知名度；二是具有较好的规模成效；三是具有较强的权威性；四是具有规范的服务和完善的功能。从国外的成功展会来看，树立品牌展会的基础要素主要有：

1.代表行业的发展方向。

代表行业发展方向是品牌化展会的重中之重。能代表行业发展方向的展会就会有明确的目标市场和目标客户，能提供几乎涵盖这个行业的所有信息，展会提供的信息越是全面、专业，观众就越积极，参展企业也就越踊跃。

2.提供专业的展会服务。

专业的展会服务要求会展企业的整个运作过程迅速高效、服务周到。从市场调研、主题方向、寻求合作、广告宣传、招展手段、观众组织、活动安排、现场气氛营造、展会服务，甚至包括会展企业对外文件、信函的格式化、标准化，都须具备较高的专业水平，从业员工的严谨处事态度也很重要。

3.配合强势的媒体宣传。

新闻媒体宣传是塑造品牌的一个重要环节。一个好的展会虽在行业本身有一定的知名度,但频繁的新闻报道和适当的"炒作"更能促进展会宣传,以此形成良性互动,使展会更具吸引力。世界上几家著名的贸易展览公司如Miller Freeman和Reed集团,同时都经营着世界上著名的商业出版社,这些得天独厚的条件为其展会的品牌提供了竞争优势和条件。

4.获得资格认可。

国际博览会联盟对申请加入其协会的展览项目和其主办单位有着严格的要求及详细的审查程序。由于有了这套较为成熟的资质评估制度,它的资格认可和标记就成了名牌展览会的重要标志。目前全球得到其资格认可的展览会有近600个,而中国只有6个。

5.坚持长期的品牌战略。

培养一个品牌展会并不容易,必须要有长远眼光,要敢于投资、敢于承担风险、精心呵护、耐心培育。会展企业必须确立长远的品牌发展战略,从短期的价格竞争转向谋取附加值、谋取无形资产的长期竞争,用先进的品牌营销策略与品牌管理技术抢占会展市场的制高点。要培养我国会展业的品牌展会,首要的一点就是要经营

与管理者树立牢固的品牌观念,认识到走品牌化的发展道路才是会展业持续健康发展的唯一途径,并从场馆设计、主题选择、展会规划、组织与管理等具体方面来实施会展业品牌化发展。

6.引进现代的管理经验。

会展业要向国际市场进行开拓,在管理方面要积极吸取国外的先进管理经验。在引进国外管理经验的时候,应该考虑到它的实用性和可持续性、可移植性。工程技术和自然科学可以说是没有国界的,但管理科学不仅有共性还有自身的特殊性,要考虑到中国特色,考虑到时代的发展。

(三) 会展品牌定位与塑造中存在的问题

1.单纯追求知名度,而忽视会展品牌的定位。

很多的会展举办者,对于会展品牌一味地追求品牌知名度,而忽视会展品牌必要的定位。制造吸引人的噱头,对会展是毫无益处的,虽然提高了品牌知名度,但美誉度是否存在却无从关注。表现为公众仅仅是知道这个会展,不知道这个会展是什么主题、有什么特点,更别谈这个品牌在他心目中有什么地位了。这对品牌的传播和形象的创立十分不利,一个什么都能做的会展,结果什么

●国际品牌产品在各类品牌专业会展的展示效果

(图2-5)

(图2-6)

(图2-7)

(图2-8)

都不会做，和其他会展没有任何区别，那么必然会在大大小小的会展中迷失方向，不能给会展带来实实在在的公众认同，没有对自己忠诚的顾客，没有适合参展商的特点，对消费者也没有任何的吸引力。

2.会展品牌缺乏内涵，创新不够。

很多会展品牌形象没有层次感，表达得过于简单，没有内涵，这样的品牌缺乏感召力，经不起风浪，没有持久力，不能为会展品牌输出价值。持续价值供给是品牌保持盈利能力的关键，这是会展品牌最重要的方面之一。要不断地推出新东西，不断地变革，强化会展的服务。在展会的成交、信息、发布和展示四大功能上，至少要集中精力打造某一个功能，使其成为本展会参与市场竞争的"王牌"。并且不断通过新的广告、形象宣传，让公众有新的品牌价值发现。

3.品牌塑造的过程中手段单一化。

很多会展做品牌宣传时，传播对象弥散化，传播手段单一化，对受众没有进行分析，只看广告媒介的权威性，选择大媒体发布了事。事实上，当前媒介的个性化十分鲜明，应该选择针对目标顾客来选择他们所喜好的媒体，这样才不至于浪费广告费，传播对象的弥散化严重损害了会展品牌构建的性价比。国内企业在传播的手段上，不过是广告和新闻炒作而已，对于以消费者立场为导向，用一种多样化、立体化传播方式来整合会展品牌用得不多。

4.会展实态和传播形象差异过大。

会展往往不是按照会展实态传播，而是根据自己的期望形象传播。很多会展商不愿意在品牌的根本上下工夫，既不引进人才，又不加强服务，管理也不完善，结果造成消费者感知形象和实际情况过于悬殊的差距，当情况暴露后，会展品牌的冰山也就融化了。

（四）如何打造品牌会展

品牌会展具有超常的价值，拥有品牌展览会是一个会展企业赖以生存和发展的根本。有没有品牌展，有多少品牌展，是衡量一个城市展览水平高低的标志之一。就中国的展会市场而言，建立品牌会展要有以下应对策略：

1.强化品牌战略意识，制订总体长远规划。

要建立我国的品牌会展，最重要的一点是展会的经营者与管理者要有牢固的品牌观念，要制订长期的品牌发展战略。各级政府、会展旅游企业、行业协会及会展旅游从业人员应强化品牌战略意识，充分认识到只有实施品牌战略才能在竞争日益激烈的会展市场中获得发

（图2—9）

（图2—10）

展。通过完善会展产品功能，提升会展产品质量、营造一流的会展企业形象、提供高水准的会展企业的经营和管理、增加会展活动的文化含量、提高会展业的经济和社会效益来创建会展品牌。在展馆建设上要科学规划，避免小而散，走国际化、专业化、品牌化、网络化之路，同时搞好城市的硬件设施建设。会展业的发展规模必须同国民经济发展规模相适应，并根据各地的社会资源条件、市场环境特点制订总体长远规划，合理布局，重点突出，避免低水平重复建设，提高办展效率和服务质量，确立长远的品牌发展战略，不断提升自己的国际竞争力。

2.加快集团化进程，培育高档次国际品牌。

在新的竞争环境下，集团化经营将成为我国会展业求得更大发展的必然选择。一方面，通过实施集团化经营，会展经营者直接面对全球会展资源，在全球会展市场寻求合作者，结成战略联盟进行优势互补，聚合成新的竞争优势，以提高整体竞争力。会展公司可采用多种形式实施集团化经营，如通过资本运作进行兼并和重组，以扩充公司的规模和实力；也可以与其他会展公司建立优势互补、分工合作的松散联合体。不论是紧密式还是松散式的联盟，都要充分发挥集团化经营的规模效应，提供标准化服务，建立一体化的营销网络，塑造有国际竞争力的会展品牌。

另一方面，会展公司应集中精力提高会展举办质量，重点承办有国际影响力的大中型会展。北京2008年举办奥运会、2010年上海举办世界博览会，这些都将给中国会展业的发展提供良好的发展机遇。我们要抓住机遇，充分发挥会展的带动作用，借会展品牌来向世界展示自己，提升知名度和游客满意度，给会展客人留下良好的印象，长久促进会展业发展。

3.提升经营服务理念。

要建立中国的展会品牌，提升会展企业的经营服务理念是一项根本性的工作，展览服务是否专业化也是品牌展的另一个标志。只有根据客户的需求量体裁衣才是服务营销的最高境界。专业的展会服务包括展览公司的整个运作过程，从市场调研、题目立项、营销手段、观众组织、会议安排和展览现场服务的迅速高效直到展后的后续跟踪服务，服务的内容应有尽有。对会展企业来说，不仅要转变经营观念，而且要树立明确的企业服务目标，将企业所提供的服务组合起来形成独特的"产品"，运用到服务的每一个环节中去。

4.全面推进CIS战略。

会展企业品牌的塑造离不开人们对其企业形象的认可，只有在公众心目中树立了良好的形象，会展企业、会议展览的个性化服务才可能被人们接受和传播。因此，国内会展企业要加强服务质量的控制，并在此基础上综合运用多种手段，树立良好的市场形象。CIS战略是会展

企业塑造鲜明形象的重要手段之一，因为企业个性化的强弱与企业形象设计密切相关。在形象识别系统中，企业形象主要通过企业的理念识别、行为识别以及视觉识别来传递给受众，而上述三个方面正好是会展企业经营个性化的表现途径。发展和经营理念宣传能向参展商或观众传达企业价值观，当这种价值观与客户达成一致时就会产生巨大的共鸣。因此，会展企业要建立具有较高知晓度和美誉度的企业形象，应全面导入CIS战略，并把质量管理作为树立独特品牌的保证，强化品牌意识，实施品牌延伸策略。

5.加快展会人才的培养。

创建会展品牌需要一支高素质的专业管理和服务队伍，为顺应国际会展业发展的大趋势，缩短我国从业人员的业务水平与发达国家的差距，有必要培养一大批熟悉展览业务、富有管理经验、高素质的会展专业人才。各地行业协会可以组织专门培训，为展览业中高级经理和从业人员开设培训课程，提高会展组织人员的外语水平和经营管理技能，以促进国内展览业务的发展和展览水平的提升，培养高素质的展览专业人才；各会展公司应加强国际交流，与国外品牌会展公司、知名大学联合办班，借鉴会展发达国家的先进经验，提高从业人员的组织与管理水平；高等院校也可以开设相关的专业课程，了解国际知名会展公司的管理与运作实务，培养社会急需的会展专业人才。

八、会展危机管理

（一）危机的内涵

危机的定义有很多，站在不同的角度，采用不同的思维方式，对危机的认识、理解便会不同。在危机研究的过程中，专家学者们为危机赋予了各种各样的定义。

目前，被广泛认可的危机定义是：危机是指干扰事和物自然流程的任何事件，而且相对应的组织和个人如果对其缺乏及时的认识和正确的处理，必将会对组织和个人造成一定的危害。简而言之，就是打破了平衡，中断了正常运转。

根据以上定义，我们在这里可以将危机的基本内涵界定为：各种紧急的、意外发生的，对人员、组织和其他资源有重大损害或潜在重大损害的突发事件。

（二）危机的特征

1.突发性。危机的突发性具有两重含义，一是指企业遭受外部环境突然出现的变化或内部因素长期积累到一定程度而爆发形成的危机，由于平时人们对这些因素的细微变化熟视无睹，所以感到突然。二是指危机爆发的征兆或诱因是人们的感官或知觉难以企及的。从人们能够感觉到爆发所延续的时间很短，但破坏性很大，使得管理者措手不及而蒙受重大损失。如人员意外伤害

事件是展览会中最常见的紧急突发事件,而这种事件往往都是由于不易察觉的隐患或当事人自己的不小心造成的,所以也是展览会中最不容易防范的突发事件。

2.危害性。危机的危害性是指危机事件会对人员、组织和其他资源造成各种各样直接或间接的损害。危机越是严重,其危害范围和破坏力就越大,所造成的损失也就越惨重。这种危害不仅表现为人员、财产的损失、组织或环境的破坏,而且体现在危机事件对社会心理和个人心理的破坏性冲击上。如"9·11"事件后,美国所有工业出现了3个月的停滞,而且"9·11"事件对美国会展业的影响至今尚未完全消除,在随后的两年时间中,美国的许多商业性展览会效果都大不如前,人们出于尚未平息的恐惧感而不去旅行,展会的参观人数也锐减。美国最大的展览会之一——Comdex,2002年的观众人数由25万减到了15万,危机所带来的影响由此可见。

3.紧迫性。危机的发生尽管存在先兆,但由于危机的发生通常出乎社会秩序或人们的心理性运行轨道,因此,危机事实上具有一定的不可预见性。危机一旦发生,便要求决策者在有限的时间内采取处理行动,要求企业对危机作出快速反应和处置,任何犹豫和延迟都会给企业带来更大的损失,体现出危机的紧迫性。有些企业由于危机事件走向困境甚至破产,可能只是一夜的时间。

4.普遍性。"只有不做事的人和企业,才可能会永远不犯错误",企业在运营过程中,必然会面临危机,危机普遍地存在于企业成长的始终。美国著名咨询顾问史蒂文·芬克说:"企业经营者应该深刻认识到,危机就像死亡和纳税一样难以避免,必须为危机做好计划,充分准备,才能与命运周旋。"任何企业都不可能永远存在、永远正确,这是企业发展的规律。企业在经营和发展过程中遇到危机是正常和普遍的现象。

5.双重性。双重性是指企业面临的危机既会给企业带来损失,但同时也可能给企业带来某种机会或收益,即危机之中也孕育着机遇。汉语"危机"这个词语就蕴涵着"危险"和"机遇"两层意思。危机的双重性特征说明,对待危机不应该仅仅是消极地回避,更要敢于面对危机,善于利用危机。

(三)会展危机的特点

由于会展行业的特殊性,会展危机除具有上述危机的一般特征外,往往还具有如下特点:

1.敏感性强,易受多种因素影响。

无论会议、展览或大型节事活动,都是一项系统工程,具有较为复杂的结构,往往由许多相关的行业企业、机构、部门和人群参与其中,如展览会由场馆方、主办方、承办方、协办方、搭建商、运输商、参展商、专业观众、一般观众、公安、消防、餐饮、广告等许多相对独立而又相互依赖的部门组成联合体。因此,在筹备与举办过程中遇到风险或遭遇危机的可能性更大,而一旦某个环节出现较大的问题,就会影响展会的顺利举行。也就是说,会展项目敏感性高,脆弱性强,更易出现危机事件。

举例来说,2003年的"非典"给北京会展业造成了巨大损失,北京取消或延期的会展就占全年会展总数的40%~65%。展览会方面,北京最大的国际展览中心取消了23个展览会,占全年总数的45%;北京展览馆取消了18个,占全年的60%;北京农展馆取消20多个,占全年近一半。会议方面,北京最大的国际会议取消了100多个,占全年一半,其中国际性会议取消比例则占65%。本来在四五月份举行的会展活动,由于"非典"的影响,几乎都没有达到展前所预计的参展人数,甚至部分企业的展览会临时取消,这给参展企业造成了极大的经济损失。由此可见,会展活动具有很强的敏感性,极易受到影响,其风险明显高于其他行业。

2.扩散性强,社会影响面广。

相比其他企业活动,会展项目的参与人数较多,群体人员的风险度比单个人员的风险度高。比如展览王国——德国,每年举办大型的国际贸易展览会就有130多个,观众逾千万。小型展览会的观众也要达到几百人,大型的则高达几万甚至几十万人,这么多的参展人数对组展企业来说,是一个极大的挑战。毕竟,相对于实物产品来说,人具有较强的流动性,这极大地增加了管理难度,风险较大,稍有不慎,就会产生危机。而在经济全球化的今天,任何细小的不安因素,都可有造成会展危机的"蝴蝶效应",使企业遭受极大损失。

由于会展项目的规模和社会影响力大,媒体关注度亦高,在会展举办过程中,会不断有媒体要求采访,并及时将展会信息传递给大众。因此,若发生危机事件,必将对公众产生较大的负面影响。此外,会展对于相关产业具有较大的拉动作用,会展危机的产生也不可避免地会波及这些相关产业,进而对社会形成较大的负面影响。

3.时间性强,回旋余地小。

会展项目运行时间较短,大多在2~7天。如果发生危机事件,决策时间有限,必须立即处理,稍有犹豫和延误,不但影响将迅速扩散,而且会展项目很快就将结束,人走曲散,留给参与者的恐怕就是危机的状态与印象,组织者欲亡羊补牢也可能为时已晚。这对会展企业的声誉将造成巨大影响,会展项目的品牌价值也会遭受巨大损失。所以,对会展危机的处理,必须在充分准备的基础上，当机立断，分秒必争。

（四）会展危机管理的原则

1．预防为主的原则。危机管理的精髓在于预防，在于未雨绸缪，防患于未然。无论何种危机，预防与控制是成本最低、损失最小的方法。因为在危机爆发后，往往只能尽可能减少损失，很难挽回危机造成的重大危害。如果在危机出现之前，就预先警觉并进行控制，便能以最小的成本化解危机。正如有些危机管理专家所倡导的："使用少量钱预防，而不是花大量钱治疗。"因此，在危机四个阶段的管理中，应该在第一阶段即危机的酝酿期就发现危机隐患并进行消除。

2．积极主动的原则。"好事不出门，坏事传千里"，当会展项目出现危机时，消息不胫而走，成为社会舆论的焦点。其间，流言飞语也会甚广。如不及时有效地对社会舆论进行引导，危机的负面影响将会快速膨胀，从而增加危机处理的难度。因此，必须积极主动地采取各种措施，引导社会舆论向着有利于自己的一方发展，赢得社会公众的理解，为深入平息、妥善处理危机营造良好的舆论空间。

3．公众利益至上的原则。在危机管理过程中，应当将公众的利益置于首位，会展企业从危机预防、爆发，到危机化解应更多地关注公众的利益（包括客户、观众、利益相关者等），而不仅仅是企业的短期利益，要拿出实际行动表明企业解决危机的诚意，尽量为受到危机影响的公众弥补损失，这样有利于维护会展的品牌及企业的形象，也利于企业的长远利益。

4.以诚相待的原则。这是妥善解决会展危机的最根本原则。以诚相待是处理危机的基础。任何组织在处理危机过程中，都必须坚持实事求是，要高度重视做好信息的传递发布并在组织内外部进行积极、坦诚、有效的沟通公关，充分体现出组织在危机中的社会责任感，从而为妥善处理危机创造良好的氛围和环境。对于处于危机风波中的企业来说，最大的致命便是失信于民，一旦媒体和公众得知企业在撒谎，新的危机又会马上产生。而且往往会产生一系列连锁反应，进一步加重危机的负面作用，以致给企业造成不可挽回的损失。

5.快速反应原则。从危机事件本身的特点来看，危机事件爆发的突发性和极强的扩散性决定了危机应对必须要迅速、果断。危机的发展具有周期性：酝酿期、爆发期、扩散期和消退期。与之相对应，危机的破坏性往往随着时间的推移而呈非线性爆炸式增长。因此，越早发现危机并迅速反应控制事态，越有利于危机的妥善解决和降低各方利益损失。内部对于危机事件必须保持高度警觉，早发现，早通报，便于高层尽快了解真相、作出决策。绝对不可推诿责任，贻误时机。在对外沟通方面，快速反应原则显得更为重要，及早向外界发布信息既体现出组织对危机事件的快速反应姿态，又可以平息因信息不透明而产生的虚假谣言，赢得公众信任。

6.协调统一的原则。危机发生前，应将危机预防作为企业战略管理的重要组成部分，统一部署，使全体员工参与预防，把企业平时管理和危机预防结合起来，及早发现危机的端倪，防患于未然，从而将危机控制在酝酿、萌芽状态。危机发生后，决策者必须做到上下左右都协调一致去行动，绝不允许出现"杂音"，这样才能稳住阵脚，化险为夷，扭转危机所带来的被动局面。

第**3**章

会展主体

第一节　会展主题的定位

会展主题也称为会展主题思想，是会展的主办者传达给参展商和公众的一个明确的信息，同时也是社会了解展会的首要方面，是对会展的指导思想、宗旨、目的、要求等凝练的概况与表述，是贯穿于整个会展过程所反映的经济、政治、文化等社会生活内容的中心思想。它统领会展各个环节的"纲"，并贯穿会展活动始终，在一定程度上影响会展内容的安排、活动形式的选择和其他诸要素的设计。它是一个会展的灵魂和精髓，常在会展中通过具体的艺术形式表现出来。

会展主题即展会名称，是整个展会的核心理念。确定展题，找对主题，这是展会策划的首要和关键工作，展会主题必须贯穿于整个展会过程。通过调研，确定展题，找对主题，能防止内容雷同和重复办展，避免撞车，开展错位竞争，这无论对于办展者、参展者都是一件利好的事。只有这样才能使展会办出特色，办出新意，办出品牌，并能赢得自己独特的展商群体和观展群体，才能使展会各方得利。

会展主题就像一篇文章的中心思想一样，一个会展有了好的主题，就如一篇文章有了灵气，魅力倍增。一个会展活动如果没有主题，或主题不鲜明，就无法激发参与者的兴趣，必将难逃失败的命运。

1970年，日本大阪世博会是亚洲首次举办的世界博览会，主题是"人类的进步与和谐"。确定这样一个主题是因为此次世博会是美国宇航员于1969年7月20日登上月球的第二年举行的，故在该博览会上美国馆中展出了"月亮上的石头"。人们重温了当年宇航员的名言："我现在走出登月舱了，这是一个人的一小步，更是人类的一大步。"

因此，无论是会议还是展览，都需要有明确的主题。

一、会展名称的内涵

（一）基本部分

这部分主要用来表明展览会的性质和特征，常用词有：展览会、博览会、展销会、交易会和"节"等。这五个词的基本含义有一些区别，但从目前我国展览业的实际操作来看，人们并没有严格区分这些词，都用来表示会展。

（二）限定部分

用来说明会展举办的时间、地点和会展的性质。在会展的名称里，会展举办时间的表示办法有三种：一是用"届"来表示；二是用"年"来表示；三是用"季"来表示。如：第四届中国—东盟博览会、2008中国国内旅游交易会、2008秋季品牌服装展销会等。会展举办的地点在会展的名称里也应有所体现，如2008年广州博览会中的"广州"。

（三）行业标志

用来表明展览题材和展品范围。行业标志通常是一个产业的名称，或者是一个产业中的某一种产品大类，如2008北京国际汽车展览会中的"汽车"表明该会展是汽车产业的会展。有些会展的行业标志也可以是几个产业或一个产业中的几个大类，如2008春夏服装及丝绸博览会；还有些会展的名称里没有行业标志。

由此可见，确定会展的名称，也就确定了会展的基本内容和基本取向。因此，给会展取名要准确、有创意，而且要抓住行业的亮点和市场的特点。

二、会展主题的确定

会展项目的工作流程（如下图）中，第5个层次

"最终概念"的形成即指会展主题的确定。可以明显地看出，市场调研和充分的内部、外部讨论是确定会展主题的前奏。

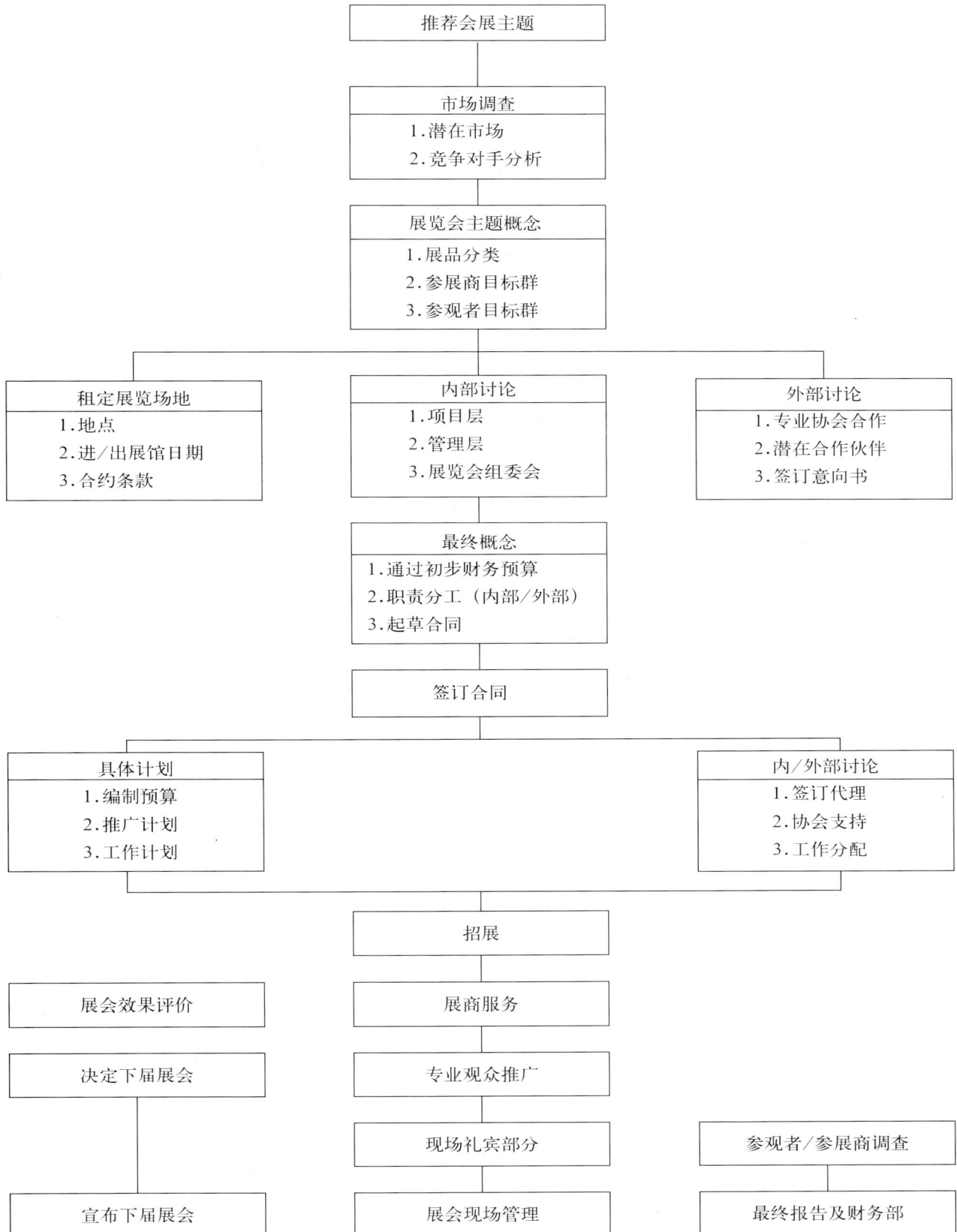

```
┌─────────────────────┐
│     推荐会展主题       │
└─────────────────────┘
           │
┌─────────────────────┐
│      市场调查         │
│   1.潜在市场          │
│   2.竞争对手分析       │
└─────────────────────┘
           │
┌─────────────────────┐
│    展览会主题概念      │
│   1.展品分类          │
│   2.参展商目标群       │
│   3.参观者目标群       │
└─────────────────────┘
           │
```

租定展览场地	内部讨论	外部讨论
1.地点	1.项目层	1.专业协会合作
2.进/出展馆日期	2.管理层	2.潜在合作伙伴
3.合约条款	3.展览会组委会	3.签订意向书

```
┌─────────────────────┐
│      最终概念         │
│   1.通过初步财务预算    │
│   2.职责分工（内部/外部）│
│   3.起草合同          │
└─────────────────────┘
           │
┌─────────────────────┐
│      签订合同         │
└─────────────────────┘
```

具体计划	内/外部讨论
1.编制预算	1.签订代理
2.推广计划	2.协会支持
3.工作计划	3.工作分配

```
┌─────────────────────┐
│        招展          │
└─────────────────────┘
```

展会效果评价	展商服务	
决定下届展会	专业观众推广	
	现场礼宾部分	参观者/参展商调查
宣布下届展会	展会现场管理	最终报告及财务部

三、会展主题策划

一个会展的主题,是会展的灵魂。主题的好坏直接决定会展的当期利润和会展的生命。因此,会展主题的策划要注意以下几点:

(一)主题的先进性

一个有吸引力的主题应该与时俱进。纵观国内外举办成功的大型展览会,无不与其主题的先进性密切相关。如拉斯维加斯的计算机分销商展览会(Comdex),世界各国的计算机厂商都前往参加,成为世界IT界的知名盛会。而IT技术是当今社会和经济发展的热点主题,世界各国非常重视IT技术的发展。由于其主题的先进性,Comdex吸引了大量的参展商和参观者。主题除了自身的先进性以外,还必须具有在应用领域上的先进性和广泛性。这样,可以吸引大量相关领域及应用领域的厂商参加展示及参观。

(二)主题的广泛性

在确定展览主题之前,一定要进行充分的调研,主题必须具有研究、生产、销售及应用的广泛性。例如,北京国际科技博览会就具有广泛性的展览主题。科技是第一生产力,科技在促进生产力的过程中起着决定作用。如科研院所、企事业单位都需要通过科技成果的展示与交易,来了解国际国内的科技发展,同时促进科技成果的转化。因而,"科博会"成为名牌精品展会,规模一届比一届大,效果一届比一届好。

(三)主题的可持续发展性

一个展览主题不能仅仅只办一两届就无法办下去,只有办的次数多了,在国内的影响力大了,展览才有可能办成精品展、名牌展,为未来发展打下坚实的基础。

(四)主题的区位集散性

展览的目的是搭建技术、产品与服务的交易、交流平台。具有技术与产品集散中心地位的城市,应该选择其具有流通区位优势的主题组织展览。如北京、深圳是我国科技力量很强、技术应用转化很快的区域,因而北京"科博会"、深圳"科博会"特别红火。而义乌是我国重要的小商品集散地,使得当地每年举办的小商品交易会客商云集,展览效果与效益都很好。目前,世界上有影响力的展览城市,如汉诺威、巴黎、新加坡等都具有很强的区位优势,我国的香港、北京、上海、广州等城市也具有较强的区位优势。

(五)主题的综合服务性

选择展题能否成功,还要看其综合服务效应。展题太专一,不便于招展和组织观众。展题的综合服务性则是强调展题具有多种功能,可以满足有不同层次需求的展商与观众。如各种综合类型的博览会、交易会等,可以将各种类型的厂商都招进来,扩大规模和影响力。

(六)重视地域特色

"民族的才是世界的",这告诉会展策划者一个道理,做会展要突出会展举办城市的特色。这些特色一般包括下列几种。

1.产业优势。一般来说,选择展览会的展览题材,要根据展览会举办地的经济结构、产业结构、地理位置、交通状况和展览设施等条件来确定。展览会的策划要依托展览会举办地的产业优势,首先,考虑本区域的优势产业和主导产业;其次,考虑国家或本地区重点发展的产业;再次,考虑政府扶持的产业。有的城市是老工业基地,如沈阳等一些城市装备制造业发达,所举办的展览会就要体现出工业文明;有的城市旅游资源丰富,如杭州等一些城市要体现出浓浓的旅游味。

2.文化特色。努力挖掘会展所在城市的文化底蕴,提炼会展主题,策划具有当地民族特色、反映当地风土人情的展会。例如:

(1)铜陵市的铜产业为该市的支柱产业,该市曾举办过"铜文化节"。

(2)杭州丝绸展、西湖展、义乌小商品展等都体现了当地的特色。

(3)西藏文化、敦煌文化、徽文化为中国三大地方文化,西藏、甘肃、安徽可以举办相应的文化展,在全国甚至全世界进行巡回展出。

(4)淮南八功山为豆腐发祥地,该市每年举办"淮南豆腐节"。

(5)广西刘三姐的歌声余音绕梁,代代不绝,张艺谋在广西执导了2003年的"广西民歌节"。

(七)办展机构自身的办展目标和资源

在会展主题策划中,策划者除了具备策划的理论和相关的信息外,还必须对办展机构的优势、劣势有一个清醒的认识,然后扬长避短,作出选择。通过对细分市场的评估,策划人员可以发现一个或几个值得办展机构进入的行业,办展机构可以根据自身的实力选择进入一个或几个行业举办一个或几个专业展会。选定进入的行业以后,策划人员下一步就要决定哪些具体题材可作为会展的展览题材。

科技部门举办科技周,建材部门举办建材展,农业部门举办农产品展,卫生部门举办医疗器械展,家具协会举办家具展等,这些都与办展机构的行业特色有关。

四、会展主题选择的方法

(一)新立题材

新立题材就是涉足办展机构从来没有涉及过的产业,并从中选择展览题材。选择题材的方法有两种,一是市场调查法,选择一个或几个产业作为候选对象,进行市场调查,经过认真科学地分析以后,从中甄选几个比较有利的候选题材，然后进行项目可行性分析，以最终确定展览题材；二是模仿法，即办展机构可以从国外已经举办的展览题材中选择新的题材。在有些行业中，国内还没有展览会，但在国外该题材的展览可能已经发展得比较好，可以通过收集国内外的现有资料，进行对比，从中发现适合目前在国内办展的新题材。

新立题材作为办展机构的展览项目，有以下优点：

1.新题材往往是新兴行业，适合市场的发展趋势，举办成功的几率非常大，并且可以给举办机构带来可观的效益。

2.开发了新的业务范围，有利于办展机构拓展新的投资空间。

3.新的题材可以避开激烈的竞争，特别有利于新的、实力较弱的办展机构。

但是，新立题材也是有缺点的：

1.办展机构可能缺乏足够的资源，对新行业的厂商、行业协会、顾客等的信息掌握不够全面，不利于筹备工作的开展。

2.由于办展机构缺乏对该行业的了解，对行业的发展现状以及发展趋势把握不够准确，因此削弱其市场号召力。

（二）分列题材

所谓分列题材，就是将办展机构已有的展览题材再作进一步细分，从原有的大题材中分列出小题材，并将这些小题材办成独立展览会的一种选择展览题材的方式。

分列展览题材要满足以下几个条件才可以分列：

1.原有的展览会已经发展到一定的规模，某一细分题材在原有的展览会中已经占有一定的展览面积。

2.由于场地限制等原因，某一细分题材在原有的展览会中的面积已经很难再进一步扩大，但是，如果将这一细分题材独立分列出来单独发展，其发展的空间将更大。

3.尽管某一细分题材在原有的展览会中已经占有一定的展出面积，但是，如果就这一细分题材分列出来，原有的会展不会受到太大的影响，或者，这一细分题材分列出来后，原有的展览会还可以得到更好的发展。

4.某一细分题材与原有展览会其他题材之间有相对的独立性，这一细分题材的企业和客户可以从原展览会中分离出来。

5.收集到的各种信息表明，这一细分题材适合单独举办会展。

如果达不到上述条件，分列题材就可能会导致失败。

采用分列题材的办法选择新展览题材有以下几个好处：

1.由于细分题材是从原有展览会大题材中分列出来的，公司对该题材有一定的了解，并有一定的客户基础，新会展容易举办成功。

2.该细分题材分列出来以后，不仅为原有会展的其他题材让出了更大的发展空间，而且依据细分题材所办的新展览会也可以更加发展壮大。

3.原有展览会和依据细分题材所办的新展览会都将更加专业化。

但是，我们也要看到，采用分列题材的办法选择新展览题材也有一定的风险：

1.分列的时机很难把握，很难确定什么时候才是将某一细分题材从原有的展览会中分列出来的最佳时机，如果时机把握不好，题材分列就很难成功。

2.将某一细分题材从原有的展览会中分列出来，会给原有展览会造成多大的冲击往往较难把握。

3.办展机构是否已经具备将某一细分题材从原有的展览会中分列出来独立办展的实力，要经过慎重考虑才能决定。

（三）拓展题材

所谓拓展题材，就是将现有展览会所没有包含的、但与现有展览会密切关联的题材，或者是将现有展览大题材中还未包含的某一细分题材列入现有展览题材的一种方法。

要采用拓展题材，必须具备如下条件：

1.计划拓展的题材与现有的展览题材要有一定的关联性，否则，拓展展览题材的必要性就不大。

2.现有展览会能容纳计划拓展题材的加入，即，计划拓展题材的加入不会给现有展览会造成任何操作上的不便。

3.现有展览会的专业性不会因计划拓展题材的加入而受到影响。总之，计划拓展题材的加入对现有的展览会不能是"画蛇添足"，而应是"锦上添花"。

在会展中，拓展展览题材具有很多优势。一方面，拓展展览题材可以扩大展览会的拓展展品范围，为扩大会展规模作出贡献；另一方面，拓展展览题材也可以扩大参展企业数量和观众来源，拓展会展发展空间。

与上述优势相对，拓展展览题材处理不当也会给会展带来风险：

1.如果拓展的展览题材与现有展览会的展览题材关联性不大，会使现有展览会失去其专业性。

2.新题材的加入可能会影响到现有展览会的展区划分，影响到现有展览会的现场布置和管理。

所以，在执行拓展展览题材策略时，满足上述三个拓展条件是其执行的重要前提。

（四）合并题材

合并题材有两层含义：第一，将两个或两个以上的展览会中相同或相关联的展览题材合并在一起统一展出；第二，将两个或两个以上展览题材相同或相关联的会展合并为一个会展。

合并题材是小型展会常用的办展方法。为了降低风险，其前期的工作主要包括：

1.考察合并题材，要求题材要么是同一题材，要么是关联性很强的题材。

2.考察合并题材后的影响，应充分估计合并给各会展带来的影响，并制订相应的策略，以降低不利影响。

3.确定办展机构之间的分工协作、利润分配、会展的发展战略等，为会展的成功举办打牢基础。

4.选择合并时机，使该行业的厂商、顾客等能充分了解并接受。

合并题材所带来的好处主要有：

1.题材合并以后，两个或两个以上的办展机构可以投入相对于原会展更多的精力，办好办强会展。

2.两个或两个以上的展览题材合并后，可以减小竞争，投入更多的资源办好会展。

3.合并后的会展具有规模效应，可以吸引更多的厂商、观众参与，提高会展的影响力，从而得到行业内知名企业的支持，提高会展的档次。

第二节　会展主题的市场调查

市场是指具有特定需要和欲望，而且愿意并能够通过交换来满足这种需要或欲望的全部潜在顾客。用公式表示为：市场＝人口＋购买力＋购买欲望。

展会市场调研也称展会市场分析，是指对社会是否需要某项展会与企业是否能将某个展会市场作为自己的目标市场进行调查分析。

一、市场调研的步骤

市场调研工作涉及面广，是一项较为复杂、细致的工作。为了确保整个调研工作有节奏、高效率的进行，必须加强组织工作。市场调研大致要经过以下几个步骤：

制订实施计划是整个市场调研过程中最复杂的阶段。主要包括选择调研项目、调研方法、调研人员、确定调研费用等内容。

1.调研项目。选择调研项目取决于调研目的和调研目标，即根据调研目的和调研目标，对各类问题进行分类，规定每项问题应调查收集的资料。调研项目正是为了取得所需的资料而设置的。

2.调研方法。是指取得资料的方式。会展调研方法是多种多样的，需要根据调研目的、内容、对象、时间及条件等因素选择。

（1）个人访问。个人访问是指调查员与被调查对象面对面的单独交谈。这种调查方法具有直观性、灵活性、启发性和真实性，调查员可以启发对方的思路、解答疑问、消除顾虑，鼓励被调查者道出真相。但是，调查比较费时，调查的范围受到一定的限制，得到的谈话资料容易受到被调查者主观偏见的影响，谈话的内容会受到被调查者情绪的影响。因此，需要调查员有较高的调查技巧和社交能力。

（2）开座谈会。对于相对固定的客户和一些新目标客户，搞调查时通常采用座谈会法。座谈会法的特点与个人访问法类似，也具有直观性、灵活性、启发性和真实性，调查的范围也受到一定的限制，所不同的是：开座谈会是多个被调查者在一起接受调查，会议的气氛、语言习惯会不同程度地影响调查的结果，所以，调查员不能仅仅以座谈会的记录为调查结论，需要配合其他手段。

（3）电话调查。通过电话调查，需要调查员有出色的口头表达能力。通常需要有通信资料库。

（4）函件调查。函件调查是指将设计好的问卷通过邮局或使用电子邮件寄给被调查者，请他们填写后寄回的调查方法。这种方法的优点是：不需要调查员亲自到场，只需邮寄函件，节省了调查的人力、物力和财力，调查成本低；调查不受地域的限制，可以扩大调查面。但是，函件的回收率较低（通常为50%左右），需要按一定的比例多邮寄问卷，而且，有的被调查对象对问卷中某些问题的理解会有偏差，使问卷的一些答案不符合规范，或者，被调查对象对问卷中某些问题不理解因而不作答，问卷的空项较多，影响统计的效果。因此，函件通信调查需要设计好调查表，对于某些不容易被理解的内容，附加详细的说明，使被调查者能领会其中的含义；若通过邮局，邮件中要装有寄回所需的信封和邮票，以显示调查者的谢意和情感。邮件寄出后，尽量与被调查者取得联系，以促使其完成问卷并寄回。

（5）问卷调查。留置问卷是指调查人员把调查表当面交给或转交给被调查者，请他们填写，并说明填表的要求，在一定时间后，由调查者取回的方法。留置问卷可以节省一定的时间，被调查者可以在自己空闲的时间里填写，与个人访问相比，容易使人接受。但是，有些被调查的对象往往拿到调查表后不能在规定的时间内填写完毕，而是等到调查员索取表格时才想起来填写，所以，调查员在取回调查表时需要等待对方填表，比较费时。因此，调查员应该考虑到这一点，在要求对方填表的时间方面留有余地，以免延误调查。

利用函件通信和问卷调查都涉及问卷的设计问题。问卷的设计是否妥当，直接关系到调查的质量。

（6）观察法。观察法是心理学的基本方法之一。观察是科学研究的最一般的实践方法，同时也是最简便易行的研究方法。所谓观察法，是在自然条件下，有目的、有计划地直接观察研究对象（消费者）的言行表现，从而分析其心理活动和行为规律的方法。例如为了评估商店橱窗设计的效果，可以在重新布置橱窗的前后，观察行人注意橱窗或停下来观看橱窗的人数，以及观看橱窗的人数在过路行人中所占的比例。通过重新布置前后观看橱窗的人数变化来说明橱窗设计的效果。

观察法的核心是按观察的目的，确定观察的对象、方式和时机。观察时应随时记录消费者面对广告宣传、产品造型、包装设计以及柜台设计等方面所表现的行为举止，包括语言的评价、目光注视度、面部表情、走路姿态等。

观察记录的内容应包括：观察的目的、对象、观察时间、被观察对象的有关言行、表情、动作等的数量与质量，另外还有观察者对观察结果的综合评价。

观察法的优点是自然、真实、可靠、方法简便易行、花费低廉。在确定观察的时间和地点时，要注意防止可能发生的取样误差。比如，要观察少数民族消费者的特点，就应该选择少数民族特需品的供应商店。在分析观察结果时，要注意区分偶然的事件和有规律性的事实，使结论具有科学性。

观察法的缺点也是明显的。在进行观察时，观察者要被动地等待所要观察的事件出现。而且，当事件出现时，也只能观察到消费者是怎样从事活动的，并不能得到消费者为什么会这样活动、他的内心是怎样想的资料。

（7）德尔菲法。德尔菲法通常要严格挑选大约30位各方面专家组成研究群体来开展工作，是一种颇具创意的研究方式。

首先，调研人员用信件、邮件询问这些专家对有关问题的看法，专家按重要程度把问题排序，并解释这样排序的原因。然后，将回收后的信息归纳整理，分为几种代表类型，并按照一定的规则进行排序，将结果寄回给各位专家，请其参考新的排序状况，调整或补充自己对问题的看法，再将结果寄回给调研人员，调研人员再次根据回收信息进行分类整理，尤其对持反对意见者请其说明原因，经过几轮反馈之后，企业会得到一个合理而一致的意见。德尔菲研究是在各位专家互不见面的情况下进行的，这样可以避免研究讨论中出现权威效应和从众效应，所以研究结果比较合理。但是，调研人员必须学有专长而且从头至尾参加这项研究。德尔菲研究费时较多，但可以得到一些由量化方式无法获取的市场信息。

（8）抽样法。会展企业的调查通常是在局部范围内展开的，采用的是抽样调查的方法。抽样调查就是从需要调查对象的总体中，抽取出若干个体进行调查，这里的个体就是样本，根据调查的情况推断总体特征的一种调查方法。

抽样调查的方法很多，包括两大类，即随机抽样和非随机抽样。

3.调研人员。确定调研人员，主要是确定参加市场调研人员的条件和人数，包括对调研人员的必要培训。

4.调研费用。在制订计划时，应编制调研费用，合理估计调研的各项开支。费用支出细目包括人员劳务费、问卷印制费、资料费、交通费、杂费等，应根据每次调研的具体情况而定。

二、收集整理资料并提出报告

收集信息是调研的主要内容，也是最费人力、物力、财力的部分。收集信息包括第一手资料和第二手资料两部分。第一手资料收集的困难主要是找不到调查者，或被调查者拒绝，或者被调查者回答问题时持有偏见，或回答内容失真，这就需要调查员有一定的公关能力，善于运用调查技术，尽量避免上述情况发生。第二手资料主要是找不到相关资料，或者某些资料过于陈旧，或资料不完整，这需要调查人员不辞辛苦，努力搜寻。实地调查的质量取决于调查人员的素质、责任心以及组织管理的科学性。

市场调研获得的资料，需要对其进行分类、整理、筛选，把不符合要求的资料抽取出来，对资料进行整理加工，使之真实、准确、完善、统一。运用恰当的统计分析方法，分析收集资料，并用统计图表展示分析结果。

资料的收集、整理和分析是提出调研报告的基础。

第三节　问卷调研设计

展会市场调研的工作流程大致如下：明确调研目的→着手问卷设计→进行抽样设计→实地调查→资料收集→统计分析→提交项目可行性分析报告。在整个工作流程中，问卷设计具有统领性，是前期工作的核心体现。而且，问卷设计还广泛地被应用于展会现场服务调查、展会评估、展后客户跟踪服务等许多展会服务工作中。因此掌握问卷设计的基本知识和技能是会展从业人员的基本功之一。

一、设计调研问卷的原则

问卷是与主题、假设相关的一组问题的集合。问卷具有严谨的研究构思和研究假设。问卷是一个动态的概念，本身包含了整合的思想。设计问卷是一项极富挑战性的工作。

（一）一题一问，防止概念的合用、混用。

一个问题或项目只限于一个主题，不要模棱两可。

例如：你认为我们的产品价廉物美吗？

A.是　　　B.不是　　　C.不能确定

受试者的回答到底是基于廉价还是基于物美呢？答案不得而知。

（二）中立。

包括调查过程中实施调查者的语气中立和问卷设计中的问题中立，不要有任何的暗示和诱导。

（三）措辞明确具体。

要做到不用抽象概念，不用过多专业术语，程度副词运用要得当。

二、问卷类型

（一）开放式

1.开放题的优点。

不给回答者提供具体供选答案的题目，就是所谓的开放题，开放题包括疑问题和发散题。一般是提出一个问题，让受测评者作答，旨在直接了解受测评者的看法或意见。使用开放题能够获得研究者始料未及的答案，让回答者充分地陈述自己的看法及理由，给回答者较多的创造或自我表达的机会。一般来说，开放题只在以下情况使用：

（1）对于一些不能用几个简单的答案来作答的复杂问题，用开发性形式是可取的。

（2）可以在有些问题答案太多而且分散、封闭题不便使用的情况下使用。

2.开放题的缺点。

（1）回答问题需要花费很多的时间和精力，因而容易遭到回答者的拒绝。一般来说，这类题目能有30%的受测评者作答已经是相当不错了。

（2）每个回答者的资料都不是标准化的，因而难以进行统计分析。

（3）资料的编码往往非常困难和主观。在开放题的回答中，经常出现这样的情况，同样的意思，措辞千差万别；相反，相近似的措辞，意义却迥然不同。因而编码时的分类很困难，主观性很强。

（4）收集到的资料中，可能包含着大量无价值或不相干的信息。有些受访者在回答问题时或抓不到问题关键，或比较健谈，回答了很多，这样就产生了很多多余的信息。

（5）开放题要求回答者有较强的书面（或口头）表达能力。

（6）开放题旨在全面了解，但太全面会使回答者不知所云。

（二）封闭式

1.封闭题的优点。

（1）回答是标准化的，容易进行编码以及统计处理。

（2）回答者容易作答，只要选择一下答案即可，无须自己填写答案内容，给回答者提供方便，体现人性化设计。

（3）可以避免无关问答，这有利于提高问卷内容，有利于提高问卷的回收率。

（4）问题含义比较清楚，因为所提供的答案有利于理解题意，这样就可以避免回答者由于不理解而拒绝回答。

（5）在回答者时间紧、有任务的情况下，封闭式的问卷一般人机界面设计得比较好，易于操作。

2.封闭题的缺点。

（1）容易使一个不知道如何回答或没有想法的回答者，猜着答题或随便乱答。

（2）问卷中有时没有适当的答案，回答者难以作答。

（3）对问题不正确理解的，难以觉察出来。

（4）不同回答者回答上的差异，会由于追选回答，而被人为地消除掉。

（5）书写上的错误较容易发生，如本想圈第二个答案，却圈在第三个答案上。

（三）混合式

混合式问卷应用面可能更广。因为采取这种方式理论上可以发挥以上两者的优点，回避两者的缺点。但是在应用时要注意几点：一是问卷的内容安排，一般是封闭式问题在前，开放式问题在后；二是开放式和封闭式问题的比例要根据不同的研究对象和研究目的给予适当的安排；三是开放式问题和封闭式问题只是设计问卷时的一个相对概念，并不存在明确的指向性。因此哪些问题用封闭式、哪些问题设计成开放式要根据获取研究资料的有效性和满足程度来决定。

三、问卷设计注意要点

利用函件通讯和留置问卷调查有一个共同的问题——问卷。问卷设计是否妥当，直接关系到调查的质量。

（一）调查问卷中应避免的问题

在设计问卷时，应当注意：避免多义性、一般性、引导性、困窘性、假设性的问题。多义性的问题容易使被调查者曲解问题的含义，填写的内容不符合要求；一般性的问题使得调查的结论没有实际意义；引导性的问题在问题的内容或者提问表达方式上带有某种倾向或暗示，使得被调查者按照该倾向或暗示填写内容，这样，得到的资料就会失真；困窘性问题牵涉个人的隐私，或者有碍声誉，或者不能为社会道德规范、文化习俗、社会舆论接受，被调查者容易违心填写，或者对该调查表产生反感，不予填写；假设性问题不会得到真实的答案，因为，在假设的条件没有出现时，被调查者的思维和行为与假设的条件具备时往往是不一致的，所以，这样的问题得到的答案没有参考价值。

（二）调查问卷提问的方式

调查问卷所采用的问题，根据调查项目的性质、调查要求，可以分为自由式问题和封闭式问题两大类。

自由式问题是没有拟定答案、被调查者可以自由回答的问题。例如："您认为沈阳市哪个公园最受青年学生的欢迎？原因是什么？"这类问题没有选择的条条框框，使被调查者可以自由地发表自己的意见，有利于活跃调查的气氛，有利于获取丰富的资料。但是，自由式问题的答案受被调查者学识的影响很大，受教育程度较高的人往往对事物的评论也较多，而受教育程度较低的人评论相对也较少；自由式问题的答案分散，不容易归类、整理、统计和分析。因此，一份调查问卷不能有太多的自由式问题，设计者可以对重要、核心的问题用自由式提问，每份问卷只设一个或两个自由式问题。

封闭式问题与自由式问题相反，问题的答案是由调查表设计者拟定的，在调查表中，每一个封闭式问题的下面就是该问题的备选答案，被调查者对问题的回答是从备选答案中选择的。封闭式问题使得被调查者很容易填写表格，同时，答案的范围是确定的，比较集中，易于资料的统计、分析。因此，封闭式问题是调查问卷中经常采用的提问方式。但是，封闭式问题缺乏被调查者的自主性表达，有些问题的选择范围较窄，使得被调查者无法作出最佳选择。为了克服这一缺点，应该在一些问题的答案中设"其他"这一答案，并且，在正式调查前，可以在较小的范围内进行试验性的调查，如果发现调查表中某些问题或答案不妥，就作适当的更改，然后，再进行正式调查。

封闭式问题包括是非法、顺位法、对照表法、多项选择法、量度答案法。

1. 是非法：这类问题的答案只有"是"、"否"两种，被调查者只能选择其中一个答案。例如：

您认为您的客房干净吗？

□是　　　　□否

是非法的优点是：问题的答案只有两个，一目了然，便于填写，也便于统计、分析。不足之处：答案极端化，在许多时候，处于两端之间的中性答案更能让人接受。

2. 顺位法：这类问题列举若干项目，被调查者根据自己的想法对各个答案排序。

顺位法的优点是：答案有选择的余地，有利于被调查者填写，也有利于资料的列表分析。不足之处是：有时候，被调查者对答案中所列的一些内容不了解或了解甚少，难以对其正确排列等级。

3. 对照表法：对照表法与多项选择法相似，要在调查表中列出各种答案。所不同的是，不是让被调查者对一个问题的答案作选择，而是对一类问题的答案作多种选择。对照表法适合于获得各种事实性的答案。

对照表法的优点是便于被调查者回答问题，也便于统计分析。缺点是被调查者消费的时间、接触到的服务人员不同，有可能享受到的服务不同，使其回答问题时有某些偏见。

4. 多项选择法：多项选择法是制表者列出答案，让被调查者选择最符合自己看法的答案。它适合于调查消费者的购买动机以及消费者对企业、产品和服务的看法。

多项选择法的优点是可以统一答案的内容，便于列表分析。缺点是答案中容易有被调查者不容易理解的文字，而且，调查人员无法对答案进行定量分析。

5. 量度答案法：量度答案法把提出的问题分不同程度列出答案，让被调查者选择。这种方法使被调查者感到简洁、清晰，不会产生厌烦心理。量度答案法包括语义尺度法、李科特尺度法和正负尺度法三种。

四、问卷评估的注意事项

一旦问卷草稿设计好后，问卷设计人员应再回过头来做一些批评性评估。如果每一个问题都是深思熟虑的结果，这一阶段似乎是多余的。但是，考虑到问卷所起的关键作用，这一步还是必不可少的。在问卷评估过程中，下面一些原则应当考虑。

（一）问题是否必要

问卷评估方面最重要的标准是，所有的问题是否都是必要的。经策划确定的问题应是必要的，即每一个问题都必须服从于一定的目的，要么它是过滤性的，要么是培养兴趣的，要么是过渡用的，要么直接地或清楚地与所陈述的特定调研目标有关。任何问题如果不能达成上述目的中的一个，就应当删去。

（二）问卷是否太长

研究者应该利用志愿人员充当被调查者，测量回答的时间。尽管没有一定之规，完成问卷花费的时间应取5次最短时间的平均数。

在街上拦截或电话测评的问卷时，如果调研时间超过20分钟，应当考虑删减。如果有比较有吸引力的刺激物，问卷可稍微长一些。入户调查如果时间超过45分钟，也应当提供给消费者比较有吸引力的刺激物。

一般的刺激物有小礼品、现金或代用券，使用刺激物实际上经常可以降低测评成本，因为回答率会增加，调研过程中的中止会下降。如果用代用券代替现金，回收的代用券可用来制作测评参与者的清单。

五、问卷设计结束的注意事项

问卷设计进行到这一步，问卷的草稿已经完成。草稿的复印件应当分发到直接有权设计这个项目的各部门。

当问卷已经获得最终认可后，还必须先进行预先测试。在没有进行预先测试前，不应当进行正式的询问测评。此外，预先测试并不意味着一个调研员向另一个调研人员实施测评，理想的预先测试最好由最终将进行实地测评的最优秀的调研人员，对调研的目标群体实施测评。通过调研寻找问卷中存在的错误解释、不连贯的地方、不正确的跳跃模式，为封闭式问题寻找额外的选项以及消费者的一般反应，预先测试也应当以最终调研的相同形式进行。如果调研是入户测评，预先测试应当采取入户的方式。

在预先测试完成后，任何需要改变的地方应当切实修改。在进行实地调研前，应当再一次获得各方的认同，如果预先测试导致问卷产生较大的改动，应进行第二次测试。

即使到了问卷的最后印制时，调研人员仍不应松懈。精确的打印指导：空间、数字、预先编码必须安排好，监督并校对，在某些情况下问卷可能进行特殊的折叠和装订。

一般来说，印刷和纸张的质量随问卷发放方式不同而有所不同。在邮寄方式和团体测评中，重视程度和应答率受问卷的正规性影响；与之相对应，对话测评中，问卷的质量就不那么重要了，问卷能读就可以了。

问卷填写完后，它为从市场获得所需决策的信息提供了基础。问卷可以根据不同的数据收集方法，并配

合一系列的形式和过程，以确保数据正确的、高效的、以合理的费用收集。为后续的问卷统计分析奠定良好的基础。

第四节　展览策划与组织

一、展览策划的含义

策划是指人们为了达到某种预期的目标，借助科学方法、系统方法和创造性思维，对策划对象的环境因素进行分析，对企业自由进行组合和优化配置，进而进行的调查、分析、创意、设计并制订行动方案的行为。

而展览策划，就是展览策划人员根据企业现有资源状况，在充分调查、分析展览项目环境的基础上，激发创意，制订出有目标、可能实现的解决问题的一套策略规划。从策划的本质来讲，展览策划无非是一种做事情的方法，也就是从一个问题的所有可能的答案中找到一个最佳的答案。

二、展览策划的基本原则

（一）目标明确原则

目标明确是展览策划的关键，在展览策划中，目标是最关键的问题，好的展览策划目标必须有利于企业整体经营目标的实现。要明确展览策划目标，必须进行营销环境分析，目标市场的选择必须要有针对性，同时目标还必须要讲究实际。具体在策划过程中，应针对某一特定的问题进行市场调查，在展览的决策、计划以及运作模式、媒体策略等方面都必须有针对性地进行。

（二）整合策划原则

展览策划必须围绕企业整体目标展开，展览策划是为企业整体目标服务的，虽然有时在进行某个细分目标的策划时会侧重某些方面，但局部工作仍然要服从整体目标。策划的创意和实施中，必须整合多方资源、多种手段，以利于整体目标的实现。

（三）可操作性原则

展览策划必须以企业的实际情况及市场环境为依据，展览方案应该具体，做到思考周密，分工详细，具有可操作性。若策划方案时不结合市场、企业展览公司的具体情况和实施能力，那么再好的创意都只能是纸上谈兵而无法执行。

（四）创意超前原则

展览策划不能简单地看成是计划，展览策划应该包括某种新的创意，应该有新的思想、新的点子。这种新的创意、点子应该不拘泥于现状，具有超前性，要源于现状而高于现状，立足目前而着眼未来。具体来讲，展

览策划的创意超前主要表现在展览理念的创新、目标的选择与决策的创新、组织与管理的创新、展览设计的创新等。

（五）注重实效原则

展览策划绝不能追求表面完美而无实效。策划书不只是以文字、图表、数值等来表现策划设定的内容，而且还应该包括实施的具体说明和修正。策划书的制作者应该参与策划方案的实施，以使策划方案取得实效。展览活动的效果不应仅仅凭借展览策划者的主观臆想来预测，而应该通过实际的、科学的展览效果预测和监控方法来把握。

（六）规范操作原则

展览策划的规范性原则要求，首先必须遵守法律的原则，在不违反法律条规的前提下展开展览策划；其次，必须遵守伦理道德，在不违背人们的价值观念、宗教信仰、图腾禁忌、风俗习惯下进行策划；最后，必须遵循行业规范，做到管理规范、程序合理、操作有方、竞争有序，在深刻把握展览经济内在规律的基础上完成策划。

三、会展策划十步走

（一）12个月前

1.从展览的规模、时间、地点、专业程度、目标市场等各个方面，综合专家意见，选定全年展览计划；

2.与展览主办单位或代理公司进行联系取得初步资料；

3.选定场地（一般而言，首次参加国际大展，较难取得最佳位置）；

4.了解付款形式，考虑汇率波动，决定财务计划。

（二）9个月前

1.设计展览结构；

2.取得展览管理公司的设计批准；

3.选择并准备参展产品；

4.与国外潜在客户及目前顾客联络；

5.制作展览宣传册。

（三）6个月前

1.以广告或邮件等进行推广活动；

2.确定旅行计划；

3.支付展览场地及其他服务所需预先付款；

4.复查公司的参展说明、传单、新闻稿等，并准备必要的翻译；

5.安排展览期间翻译员；

6.向服务承包商及展览组织单位订购广告促销。

（四）3个月前

1.继续追踪产品推广活动；

2.最后确定参展样品，并准备大量代表本公司产品

品质及特色的样品，贴上公司标签，赠送给索取样品的客商；

3.将展位结构设计做最后的决定；

4.计划访客回应处理程序；

5.训练参展员工；

6.排定展览期间的约谈；

7.安排展览现场或场外的招待会；

8.购买外汇。

（五）4天前

1.将运货文件、展览说明书及传单等额外影印本放入公事包；

2.搭乘飞机至目的地。

（六）3天前

1.抵达饭店登记；

2.视察展厅及场地；

3.咨询运输商，确定所有运送物品的抵达；

4.指示运输承包商将物品运送至会场；

5.联络所有现场服务承包商，确定一切准备就绪；

6.与展览组织代表联络，告知通讯方法；

7.访问当地顾客。

（七）2天前

1.确定所有物品运送完成；

2.查看所订设备及所有用品的可得性及功能；

3.布置展位；

4.将所有活动节目做最后的决定。

（八）1天前

1.将摊位架构、设备及用品做最后的检查；

2.将促销用品发送直接分配中心；

3.与公司参展员工、翻译员等进行展览前最后简报。

（九）展览期间

1.尽早到会场；

2.开展第一天即将新闻稿送到会场的记者通讯厅；

3.实地观察后尽早预约明年场地；

4.详细记录每一个到访客户的情况及要求，不要凭事后记忆；

5.对于没有把握的产品需求，不要当场允诺，及时回报总部作出合理答复，一旦应承，必须按质按期完成，以取得客户合作信心；

6.每日与员工进行简报；

7.每天将潜在商机及顾客资料送回公司，以便及时处理及回应。

（十）展览结束

1.监督摊位拆除；

2.处理商机；

3.寄出感谢卡。

四、展场的安排与管理

（一）展场的安排

展场安排即确定展会地点。主要考虑城市区位、场馆容量和配套设施、出入是否方便、周围环境等条件。当然，场馆的租赁价格也是一个需要重点考虑的因素。

会议展览中心应为各种会展活动提供一个合适的场地和舒适安全的环境，并在此基础上提供卓越和高效率的服务。

会议展览中心的经营管理模式如下表所示。

名称	特　　点
政府经营	政府投资，政府发展，政府经营，或是政府的有关单位经营。中国国际展览中心就属于这个类型。
民间经营	没有政府的参与，纯粹是用商业手法经营，私人投资买地建馆。由于展览馆不是一项能赚钱的生意，纯粹商业经营的展馆很少。
政府与民间合营	场地和展馆的产权属于政府所有，而管理由商业性专业管理公司负责，完全用商业的手法经营，如香港会议展览中心。

会议展览中心的经营管理模式主要是以上3种。目前世界上大部分的展览馆属于第1种和第3种。

（二）展场选择和管理

参加展览会的最终目的是为了在该地区进行市场推广，所以一定要研究展览会的主办地及周边辐射地区是否是自己的目标市场，是否有潜在购买力，必要时可先进行一番市场调查。选择一个适合的场地是主办单位、与会者和参展商共同的愿望。有很多因素必须在实地考察后才能做出最合适的选择和决定。

1.影响展场选择的因素。

（1）人气指数。会展就是要吸引观众，场地的位置往往对观众或参加者的吸引力产生重要影响，人气旺的地点会吸引更多的人来参加。

（2）目标受众或客户聚集度。目标受众或客户距离展览场地越近，越方便参加，就越能提高参与者的人数。

2.空间与面积。

一般情况下，每一个摊位尺寸为3m×3m，100个摊位需要900m²的净场地面积，再加上2.4m的展场通道，有时因为防火安全等方面的因素则需3m宽通道。因此通常展场空间计算大约为净面积的2倍，如上述900m²的净

空间，实际就需要1800m²的展场面积。有时还得加上主办单位的场地或服务区等空间。

大部分展场的简介中都有展览区的总面积。最好与曾经在该场地举办过展览的参展者交流一下相关情况。展览区太小会让人有拥挤、局促的感觉，而展览区太大又会给人一种冷清、人气不旺的感觉。因此选择一个大小适中的场地也是展览成功的一个因素。

3.展场租金。

展览场地不同其租金价格也有所不同。会展中心一般收费标准是根据实际使用展场面积或每天使用净面积来确定。第一种计算方法按实际使用摊位的面积计算，不包括通道，展期是从设置摊位开始一直到展览结束后撤展为止；后一种计算方式以每天使用的净面积的价格计算，对于进场布置摊位或撤展则不予收费或以较低价格收费。一般情况下进场时间为2天，撤展时间为1天。

但是在一些较高档的会展场所，如饭店或会议中心的展览以每一个摊位价或每天净面积价计算展览期间租金，布置摊位和撤展另外计算。也有些展场以每天或每半天来计算。在订立展场合约时，要注意对场租、进出场等方面的租金进行商谈。

4.供电。

展览中心主供电线路一般为三相交流电，线路频率为50赫兹，标准供电电压为220/380伏（单相电压220伏，三相电压380伏）。主变压器的最小容量应为高峰负荷的150%。展览中心的供电系统要满足不同展览活动的电力要求，在线路负荷方面一定要有充分的估计。并且展厅内要设有足够的电源接口和插头。

展场用电必须有严格的规定，电器安装时必须保证线路连接可靠，充分考虑通风及散热，不与易燃物直接接触，以免发生意外。参展方如果需要24小时供电或延时断电必须事先向中心提出申请。在展场内使用电器，必须符合安全要求，禁止使用碘钨灯、霓虹灯、电炉和电热器具。展场用电及安装灯箱必须提前将用电图纸报展览中心有关部门审核，经同意后方可实施，并由展览中心工程公司派出电工指导装接电源。

5.给水排水。

展览中心的供水系统负责采暖区域的循环馆网、空调的冷冻水管道、卫生间的冷热水供给等。排水系统包括整个展馆的冷水、热水和废水排泄系统。给水排水设施是为展览活动提供生活用水、美化环境用水和消防用水等的重要基础设施。在展厅规划时要考虑设置足够的给水口和排水口，时刻保证输水管道的畅通。

6.消防。

展览会期间应高度重视消防工作，严禁将易燃、易爆、剧毒或有污染的物品带入展览中心场馆。展馆内严禁吸烟。严禁参展单位擅自装接电源和乱拉乱接电线。

展场内的布局应留有足够的安全疏散通道，主通道不得小于5米。严禁在电梯、楼梯口等安全疏散通道上摆设任何物品。布展基本结束后（一般在开幕的前一天），主办单位（承办单位）应协同展览中心有关部门以及公安消防部门，组织一次以防火为主的安全大检查，对查出的隐患应立即进行整改。展品的包装用具在布展后应尽可能运出馆外，严禁乱放。遇有紧急情况，主办单位（承办单位）及展览中心工作人员统一指挥，按指定通道有序撤离。

7.清洁工作。

展览会布展、撤展期间的标准展位和公共区的清洁工作一般由展览中心负责，特装展位的清洁由参展商自行解决。展览开展期间，参展商应保持展位内的清洁，并将垃圾倒入指定的垃圾箱内，展览中心负责清运垃圾和展馆公共区的清洁工作，同时提供展位内的特装材料一并撤除，或向展览中心缴纳相应的垃圾清运费，由展览中心派人清洁。在规定时限内，展位内未撤除物品将作为无主物品处理。

8.安全保卫工作。

展览活动中人员众多，安全隐患大，展览环境的安全性是极其重要的考虑因素。展览中心一般会提供展馆基本安全保卫工作，以保障展览活动的安全环境和良好秩序。展厅内严禁动火焊接，严禁携带和展出各种危险物品；所有展台、展品、广告牌的布置不得占用消防通道及安全疏散通道，不得影响消防设施的使用；展馆展位装修所用的材料必须进行防火阻燃处理；布展时的包装物品等可燃材料应及时清出馆外，存放在指定的安全场所；特装展位的搭建按规定不得超高；广告牌的搭建必须牢固可靠，符合安全要求；展商在展期内要妥善保管个人的提包、现金、手机、证件等贵重物品，不得随意丢放在展位上；若发生燃烧、爆炸等突发事件，要保持冷静，服从公安、保卫人员指挥，尽快疏散到厅外等。

9.环境保护工作。

展览活动并不环保，大量的物料往往在短短数日的活动后便被丢弃，除了浪费资源外还使处理废物的支出增加了。展览中心应保持场地的清洁及适当的废物处理能力，提倡分类处理废物，尽量增加废物循环再使用的机会。应该制订措施，限制不环保的物料在场馆内使用。另外，布展、开展、撤展期间严禁乱扔废弃物、杂物，严禁倾倒污水、污油等污染环境的行为；严禁把垃圾、塑料袋及烟头等物投入到地面线槽、地下消火栓及厕所便坑、便池内；严禁在除指定区域外的其他地方随便吸烟；严禁践踏绿地、破坏或采摘花草树木；严禁随意停放车辆和鸣号；严禁在公共绿地、通道上随意摆放杂物。

10.餐饮管理。

目前，国内许多展览会组织者对现场餐饮服务尚未给予足够的重视，个别展览公司不仅不注重餐饮质量，还试图在餐饮方面赚取一部分利润，这种出发点与服务参展商和专业观众的办展理念是相违背的。要知道，餐饮服务业是展览会质量的一个重要环节。

展览会主办单位可以采取外包的方式，将展览会期间餐饮区的经营权临时转让给知名酒店或连锁餐厅，并通过合同条款对其菜单、分量和价格等进行严格的约束，以确保展会现场餐饮服务的质量。在这一点上，有些展览公司所采取的餐饮服务公开招标的方法值得借鉴。还有一点需要强调，在展览会餐饮区，餐饮服务人员还应该对简易饭盒等餐具进行及时清理，为参展商和专业观众营造一个良好的就餐环境。

总的来说，要搞好场馆的环境管理，值得强调的有三点：首先，需要展览中心通过严格的规章制度来落实各项管理工作；其次，展览中心要与展览主办方和各个参展商通过合同的方式明确各方在环境管理上的义务；最后，要加强宣传，争取广大观众的配合。

五、会展的组织

（一）参展商的组织

1.参展商指南。

展览会主办机构给参展商首先提供的资料应该是参展商指南，其内容应该涉及展会的方方面面。具体包括：

目录：

·各种服务订购单和综合服务商信息；

·布展和撤展信息；

·展会规章制度；

·劳务信息；

·各种小贴士，包括展示设计和展位人员安排的建议；

·赞助和广告信息；

·媒体信息；

·各种可用资源信息；

·核对清单/参展报名截止日期；

·展会开放时间和详细安排；

·展厅平面示意图和部分提前注册的参展商名单；

·住宿和注册预订单；

·各种运输信息；

·检索系统信息和后续工作指南；

·宣传和推广计划；

·奖励信息。

2.其他支持。

大部分展会主办机构在展前和展后都会向参展商提

供支持性服务。当然，对常规服务的改进同样可以增加服务的实际价值，巩固与顾客之间的关系。组展商可以鼓励参展商递交简要的新闻稿和产品的彩色照片并在出版物中予以免费刊登，当然，同时也要积极征集计费广告以承担杂志的部分出版和发行费用。展会结束后再印发一份综合新闻通讯，向行业宣传本次展会上的一些具有新闻价值的产品。这样做的目的是为了把本次展会推向整个行业的最前沿。展会后的出版物中同样应该刊登参展商的广告。

组展商还可以向参展商提供一本展前营销综合手册，在手册中列出自己的一些建议并提供可以增加展位客流量的各种信息。实际上，组展商在为参展商提供这些增值服务的同时也加强了与他们的联系。另一个做法就是向展位工作人员提供免费的展前培训，由会展营销方面的专业培训师组织全天候的专题研讨会来提高受训人员在展览会现场的营销和洽谈技巧，单这一点就可以为参展商节省下一笔不小的开支。向参展商提供高水准的培训服务不仅能保证他们更好地参展，而且还可以加强他们对组展商的信任度，并向他们传递了一个明确信息，即组展方永远把参展商的最大利益放在第一位。

（二）专业观众的组织

1.专业观念的含义。

展览会作为一种中介性的产品，为参展商和专业观众搭建沟通交流、洽谈贸易的平台是其成功举办的关键，因此，专业观念组织和参展商的招徕工作同等重要，两者缺一不可。专业观众又称"贸易观众"，是指从事专业性展览会上所展示产品的设计、开发、生产、销售、服务的观众，以及目标参展的潜在客户。这里所指的"产品"可以是有形的实物产品，也可以是无形的产品，如服务产品等。专业观众是参展商最主要的目标客户，拥有一定数量和较高质量的专业观念是培育品牌展览会的基本条件之一。

专业观众与普通观众是对应的，一个展览会除了有一定数量的专业观念外，也会需要大批的普通观众前来参观，前者是参展商的目标客户群，而后者则主要是为展览会增加人气的。一个展览会的专业观众和普通观念的预期数量主要取决于该展会的性质和定位。一些专业性很强的展览会，如光纤通讯与光电博览会暨研讨会主要是针对专业观众开放，而像汽车展、服装展等与大众生活密切相关的展览会在注重专业观众的组织的同时还会尽量吸引为数众多的普通观众来增添展会现场的火爆气氛。

专业观众与普通观众参观展览会的目的截然不同，一般情况下，专业观众更受组展方和参展商的欢迎。普通观众参观展览会多是以开阔视野，获取相关行业的发展动态、技术信息为主，而专业观众则是以贸易、采购、科研、开拓市场为主要目的。

目标观众数据进行筛选，经过几次反复操作，最终确定能够到场的专业观众信息。

2.专业观众组织的主要途径。

展览会的宣传推广成效不仅仅体现在招商工作中，在专业观众的组织工作中也起到非常重要的作用。目前整合营销是国际上通用的展览会宣传推广途径。整合营销重在"整合"，即营销对象、营销内容及营销手段的选择和组合。当制订和执行整合营销计划时，在企业战略层次上定义的目标细分市场开始分化，目标细分市场的顾客虽然在基本需求上相似，但他们在接受营销的内容取向上以及在营销渠道的偏好上却有着明显的差异。整合营销的传播理念倡导根据营销对象、营销内容及营销渠道等进行全方位的组合，这种理念比较适合展览会专业观念的组织工作。运用整合营销理念，专业观众组织的主要途径主要有以下五个方面。

（1）媒体广告。目前专业展已经成为展览会发展的趋势，市场细分的结果是：参展商需要更明确的产品市场定位及客户的定位，需要在展览会上接触到意向更加明确的贸易观众。这些信息的传递离不开媒体，不同的媒体只有个性特征的差异，而没有绝对的优劣势之分。因此，组展方应该根据展览会的性质、规模与成本预算，来选择适当的媒体进行展会的宣传与推广。

（2）直接邮寄。在扩大展览会的知名度和信誉度、提升专业人员对展览会的认知、激发目标受众对展览会的关注等方面，没有什么方式比有针对性地直接邮寄更有效了。一般情下，如果目标客户名录准确率高的话，直接邮寄将成为成本最低廉的方式。直接邮寄的效果在很大程度上取决于办展机构所掌握的客户数据库的完整性和准确性，因此也有人将直接邮寄称为"数据库营销"。从组织专业观众的角度来看，对于直接邮寄的展览会推广方式，项目人员一项重要工作就是建立和维护观念数据库，并及时更新、补充、完善。

（3）电话营销。电话营销是展览公司组织专业观众最常用的方式，通过使用电话、传真等通信技术，来实现有计划、有组织、并且高效率地扩大目标专业观众群体、提高顾客满意度、维护顾客忠诚度的招商目的。与电话营销相关的词汇很多，直接销售、数据库营销、一对一营销、呼叫中心、客户服务中心等都是其涵盖的内容。一般说来，规模较大的会展公司其电话营销的运作方式主要是依靠呼叫中心。呼叫中心的投资分为三大块：硬件（计算机、程控交换机、终端等），软件（数据库、CTI软件、业务应用程序）和人员（业务代表、系统管理员、电话营销专家）。

（4）建立观众数据库。数据库对展览公司是至关重要的，每个展览公司都需要建立专业观众数据库，充分收集和了解目标观众的资料，利用数据对观众的质量进行科学的分析。通过问卷调查、网上注册或参展注册等方式了解他们的职务、个性特点以及购买影响力等情况，并通过电话或电子邮件等手段来进行核实。数据库的建立是一项需要花费大量人力、财力的工作，而且由于国内许多企业没有充分认识到信息传播的重要性，往往表现出不积极配合的态度，这直接导致数据采集与核实工作难度的增大。但是如果做好了数据库的收集、整理与统计入库工作，将会使展览会的观众组织工作开展得井然有序。

（5）观众资源共享。国内举办展览会通常由该行业的主管单位或协会与展览公司共同主办，展览公司可以利用合办方的数据库资料来完善专业观众的组织工作。此外，与参展商的合作也是专业观众组织的有效途径之一。通过合作，组展方不仅能够更好地了解参展企业的需求，更重要的是可以从他们那里获得宝贵的专业观众信息。

（三）展台搭建的组织

展台搭建可以说是整个会展设计中最为重要的一部分，现场搭建施工的好坏决定了项目设计是否能够得到最终的实现。按展台搭建工作先后的顺序，其主要流程有图纸审核、办理搭建手续、熟悉时间安排、现场施工等。

1.图纸审核。

通常每个订购光地的参展商都必须在规定时间内随同指定搭建商申请表提交一份最终的展位设计图，以供当地消防部门及展馆进行审核。而双层展台的搭建需要审核批准。所有双层展台设计图必须经有资质的设计签章。

2.办理搭建手续。

为了场馆方便管理各搭建商和参展商，有效控制展馆人数，搭建商必须在规定时间内办理搭建手续，如办理搭建工作员工证件等参展商进场搭建、展览期间及退场期间进入展馆的通行证。并在规定时间内完成展台搭建工作，同时通过场馆工作小组的安全检查，如需整改的，必须立刻按照场馆要求整改。

3.熟悉展览搭建时间安排。

为了展馆的统一管理，通常在展出前三天安排搭建商统一搭建，值得注意的是展馆通常每天提供10小时供搭建商搭建，搭建商如需加班搭建必须在当天向展览现场管理办公室提出申请，并按照展馆的规定支付加班费。

作为展台搭建商必须从方方面面掌握相关的展览资料，并根据客户的要求设计独特、醒目、给人印象深刻的展台。在搭建前，必须掌握展览时间的安排，充分利用时间，将图纸转变为实体，从而给参展商提供对外宣传的舞台。

4.现场施工。

一般在搭建中客户也会在现场布置展品，此时最好具体负责该项目的业务服务人员能到现场陪同，如有必要，设计师也可以到现场监督施工，并同客户即时交流。尽管实际的效果不能马上体现，但是很多客户希望能得到这样的服务。如果服务人员确实有原因不能在现场，应该把负责搭建布置的联系人介绍给客户。

展场布展有施工规定，这些要在施工图上或作施工交代时说明。现场要有清洁工随时清扫。由于现场很乱，容易出工伤事故，因此要尽量保持现场整齐。

展台材料很多是租用的，道具、花草也可以租用，要盯住道具公司按时将道具送到展场，拆包、放置时应予以监督。若有贵重物品和易损物品应小心拆箱、放置。若有贵重物品，要考虑安排保卫人员。

现场施工程序是：铺设电线管道；铺设地毯，并用厚塑料布覆盖，等到开幕前割开；若是双层展台，由金工施工，木工搭展架，电工拉线，水暖工接水，漆工油漆。

现场经常会有一些设计中本身没有预料到的情况出现，而且客户也会临时提出一些要求。如果是由于公司本身的原因造成的，应即时进行更改；如果是客户额外提出的，应保证首先满足其合理的要求，同时对追加的部分要求客户签收补充的总项目款项。

施工完毕，垃圾清扫完，地毯上的塑料布被割除，这时才是展台人员到场的时间，资料开始放上问讯台或资料架。

实践中往往是先把展台结构布置好以后再安排展品入场，现场的工作人员一定要注意为客户服务，配合其展品进场。

所有的搭建工作完成后，要进行展位的卫生清洁，直到客户验收完，确保次日的开幕（应注意有些时候自己展台搭建完成得较早，所有工作都结束后，大家都以为没事了，但隔壁展位的施工会造成展台卫生和展品摆放等受到影响）。

5.展会期间现场应急服务和增值服务。

在开展期间，主要是客户的接待工作，但很多时候会需要对展台进行维护和临时配置东西，应有业务负责人员在现场进行应急服务。从客户方来讲，他希望在展览期间能够有搭建服务人员的最直接的联系方法。

增值服务方面可以很广泛，有些搭建业务人员在现场帮助客户做接待工作，外语水平好的可以充当翻译，甚至可以帮助客户发送资料、安排客户间见面等。

6.配合展品离场和现场拆除。

会结束后，搭建商应首先配合客户把展品撤离现场，再进行展位的拆除，如果客户对有些材料需要限次使用的，应帮助其打包运输；如果是需要保存的，应注意拆装。

7.费用结算。

完成工程后，应即时进行成本结算，向展馆或主办方退回事先预付的电箱申请、通信押金等费用。

第五节　会展营销

一、会展产品的概念

会展产品是一个整体概念，是宣传、会议、陈列、商品交易、物流、饮食、住宿、交通、游览、售后服务等一系列有形产品和无形劳务的综合。在会展业竞争日趋加大的环境下，会展公司需要在各个环节强化服务意识，增加服务项目，提高服务水平。

会展在国际贸易中属于服务贸易范畴。根据《服务贸易总协定》的主要条款及内容，在国际服务贸易的12个部门分类中，会展业属于职业服务范畴。

会展业的核心是服务。会展产品就是举办会议和展览活动的单位凭借一定的场地和设施，向参展商、观众、新闻媒体等参加会展的人员提供的满足其参会和参展所需要的有形商品和无形劳务。

二、会展营销的作用

1.会展营销有利于扩大市场。

会展营销主要包括内部营销和外部营销两大方面。内部营销活动是围绕着企业内部员工展开的，通过一系列的文体、娱乐等活动以及培训、沟通等工作，使员工了解企业，热爱企业，并一心一意为企业着想，努力工作。内部营销的中心目的是使会展企业的合格员工留任于本企业。外部营销活动是围绕目标市场，通过了解目标市场的需求特征及其发展趋势，制订相应的产品、价格、渠道、促销计划，使企业提供适销对路的产品和服务，并促进消费者的购买。内部营销和外部营销作用是互相制约、互相促进的。

会展企业搞好内部营销，有利于企业员工认真工作，提供目标消费者需要的产品，增加消费者的满意度，而消费者买到满意的产品，购买时的态度也会是友善的、合作的，使企业员工的心情愉悦，促进服务质量的提高，提供更好的产品。

同时，满意的消费者通常会把其亲身感受到的事物告诉合作伙伴，产生很好的口碑效应，扩大消费者的队伍，增加企业的销售量，增加利润，从而有利于企业积累资金，进行扩大再生产，有利于企业扩大市场。

2.会展营销有利于提高经济效益。

提高经济效益是企业发展的重要目标，会展企业提高经济效益的途径很多，归纳起来，包括两方面：一方面是节约成本，另一方面是增加利润。会展企业通过内部营销和外部营销，发挥员工的积极性，提高工作效率，生产目标消费者所需要的产品，减少产品剩余，减少浪费，节约成本，同时，提高参展企业和观众的满意度，扩大展览市场，增加利润，从而提高经济效益。

3.会展营销有利于加强企业管理。

会展企业通过内部营销，促使合格员工留任于企业，并协调企业各部门之间的关系，使每个部门相互合作，提高工作效率，有利于加强企业管理。企业管理的任务重、内容多，并且有很多管理模式，而人员管理是其中一项重要的内容。

会展企业的产品以服务为核心，服务质量的高低关键在于其软件因素，即服务人员，因此，服务人员的管理对于会展企业尤为重要，从内心接纳企业，甘愿多做工作，有利于发挥员工的积极性。员工与企业融为一体，有利于加强员工的管理，加强企业管理。

4.会展营销有利于会展企业了解市场需求以及管理需求。

会展企业生产经营的目的是在满足目标市场需求的前提下获取最大利润，但最大利润能否实现，取决于目标市场是否购买他们的商品。所以，会展企业想要在激烈的竞争中生存并得到发展，就必须生产目标市场需要的、适销对路的商品和服务。

会展营销以目标市场的需求为中心展开对整个市场营销活动的研究，通过市场调查和市场预测了解市场需求、管理需求。世界著名的市场营销管理的八项任务，它们分别是负需求状态、无需求状态、潜在的需求状态，与此相对应，营销任务分别是开展需求、创造需求、开发需求、再创造需求，使供求同步、维持需求、降低需求、破坏需求。这一理论同样适合于会展市场营销。

三、目标参展商的信息收集

目标参展商是办展机构认为可能会来参加展会的企业和其他单位，这些企业不仅包括该展览题材所在行业的企业，还应该包括一些与该题材所在行业有关联的行业企业。由于展会的招展工作是以掌握这些目标参展企业的基本数量、特征和分布状况为前提的，一个完整而实用的目标参展商数据库必须能广泛而全面地收集到目标参展商的有关信息。

一般来说，目标参展商的信息可以通过以下的渠道来收集：

1.现有参展商数据。一个展览会的现有参展商如果对本次展览的规模、服务和效果满意，就很有可能继续参加下次的展览，因此现有参展商应是目标参展商数据库的主要组成部分。

2.行业企业名录。很多行业都有一些资料齐全的行业企业名录或者企业大全，收集了该行业大量企业的基本资料，如企业名称、地址、联系办法等，有些企业名录还每年更新。办展机构可以从这里找到大量的目标参展商信息。

3.商会和行业协会。各行业的商会或者协会一般与本行业内的企业联系密切，掌握了大量的企业信息，有一定的会员单位。

4.政府主管部门。政府主管部门对自己主管行业的企业一般比较了解，与企业也有一定的联系。

5.专业报纸杂志和网站。各行业的专业报纸杂志和网站掌握着本行业的最新动态和信息，经常走在行业发展的前列，与行业内企业往来密切，掌握了一定数量的企业信息。收集广告也可以掌握一定数量的企业信息。

6.同类展会。同类展会对办展机构来说是目标参展商集聚的场所，主办方可以在同类展会上接触到其大部分目标参展商，因而可以到各展位直接收集每一个参展商的信息，也可以通过购买展会会刊或参展商名录来收集。

7.外国驻华机构。展会是企业进行商品营销的一个重要渠道，各国驻外机构每年都会向本国企业推荐一批著名的展会供它们作参展选择。

8.向专业咨询公司购买数据。

9.电话黄页。类似于行业企业名录，特别适用于收集某一特定地区范围内的企业信息。

四、展区和展位的划分

展区和展位的划分是展会招展工作的另一项重要的基础性工作。展览会一般都按展品类别划分展区，按照场馆的场地特征来划分展位。合理地划分展区和展位对于展会招展和更好地吸引目标观众到会参观，提高参展商的展出效果，完善展会现场服务与管理等都有十分重要的作用。

展区和展位的划分不仅要注意科学性和系统性，还要充分考虑到参展商和观众的利益和要求，具体而言，主要应遵守以下几个原则：

1.要对展会所有的展览场地进行统一安排，因地制宜，充分利用展览场馆场地。按照专业题材划分展区，注意各题材展品对场馆的高度、承重等方面的特殊要求。

2.要有利于观众参观展览会，要能使目标观众很容易地找到其感兴趣的那类展品的所有展位，并做好指示标志。

3.有利于参展商提高展出效果。要做到这一点，展区和展位的划分既要符合展品的特点，也要考虑到展位的搭装效果，还要考虑到观众的参观和集聚。

4.要有利于展会现场管理和现场服务。例如，要注意展馆的消防安全，便于疏散人群，方便展位的搭装和拆卸，方便展品的进馆和出馆。

5.合理安排展会的功能服务区域。展会除了最主要的展示区域外，还需要安排一些功能服务区，如登记处、咨询处、洽谈区、休息区、新闻中心等。

另外，对于一个成熟的商业展览会，其展位划分的原则也可以考虑以大客户为中心，实现主办者利润的最大化。在四年一度的世界印刷大展——第六届北京国际印刷技术展览会上，展会承办方中国印刷及设备器材工业协会和北京华港展览有限公司就巧妙地实施了大客户战略，通过国内印刷行业三大巨头上海电气集团、北大方正集团公司、北人集团的相互比拼和竞争，吸引了整个行业的关注，提高了展会的人气和影响力。

五、招展价格制订

招展价格是展位的出售价格，按展位的不同，可以分为标准展位的价格和光地的价格，前者以一个标摊多少钱来表示，后者按每平方米多少钱来计算。按场地的不同，可以分为室内展位价格和室外展位价格。

招展价格的制订是一项很复杂的工作，其合理与否会直接影响到目标参展商的参展意向，从而影响到招展工作的顺利进行。而且，在制订招展价格时，还必须充分考虑到与同类展会的竞争关系，结合本展会的发展阶段和价格目标，以及展会展览题材所在行业的状况，如行业的平均利润率和市场发展状况等因素。

制订招展价格，还需要考虑两个因素：一是展区和具体展位的位置差别，目前办展机构一般实行“优地优价”原则；二是国外参展商和国内参展商的展位价格，我国目前普遍实行价格“双轨制”，国外参展商的展位价格一般要高于国内参展商的展位价格。

有一点特别值得注意，为了吸引更多的潜在客户而利用各种可能的方式降低展览会报价是不可取的，有些办展机构为了能卖出全部展位，在展会开幕临近时，不顾展会的价格标准，大幅降价倾销展位。价格应该是在做好市场预测之后就已经决定的，绝不能因为没有完成销售额而降低价格。这种做法会使主办者丧失信誉，对下届展会的招展和展会的长远发展产生不利的影响。因为这不仅会严重挫伤早期决定参展的企业的积极性，还会使参展商对下一届展会的招展采取观望态度，等待招展末期的价格优惠，严重影响到招展工作的顺利开展甚至是展会的经济效益。

六、会展招展函的设计

招展函一般包括以下五个方面的内容：

（一）展会的基本内容

主要有展会名称和徽标、展会举办的时间和地点、办展机构名单、办展起因和办展目标、展会特色、展品范围和价格等。

（二）市场状况介绍

主要包括行业状况和地区市场状况等。

（三）展会招商和宣传推广计划

主要包括展会招商计划、宣传推广计划、相关活动计划、展会服务项目等。

（四）参展办法

主要包括如何办理参展手续、付款方式、参展申请表和办展机构的联系办法等。

（五）各种图案

如展馆图、展馆周边地区交通图、往届展会现场的图片等。

一份完整、精美的招展函除了内容完备之外，在设计上还要注意以下几点：

1. 展会名称和徽标一般要放在招展函封面最醒目的位置，展会名称一般用较大的字体。

2. 内容应准确无误，应使用简短、明了的语句。如果展会是国际性的，则文字部分要中英文对照。

3. 设计时应充分利用图片，重要的图片要精心制作。

4. 字体类型不要超过三种。

5. 招展书中应该设计有深浅颜色的对比色块。

6. 突出参展登记表，标明联系人的联系方式，如电话号码、电子邮件地址、传真号码等。

7. 印刷包装纸张选择要讲究，便于携带与传递。

七、电话招展艺术

电话招展是目前使用最为广泛的招展方式。据统计，招展人员80%以上的国内招展活动是通过打电话洽谈完成的，所以如何成功地利用电话招展，是招展的基本功。而完美的态度是电话招展成功的第一步，要做到：

（一）完善你的声音。

电话招展成功主要是依赖声音来完成的。心理学家通过观察发现，在人与人的信息交流过程中，声音和声音传达的文字信息影响比例占到了整个信息传播的45%。

（二）克服"电话恐惧症"，积极地接听电话。

对于电话招展人员而言，要尽可能克服不想接电话的畏惧感，要不怕失败，积极地接听电话，避免"电话恐惧症"。

在电话招展中，接听电话的确是有技巧的，主要的技巧有：

1. 接电话的姿势要正确。坐在椅子的前半部分，这样可以迫使姿势端正，也可使声音更有力、更清晰。左手拿听筒，右手准备备忘录。这样，电话交谈的内容就能够自然而然地被记录下来。

2. 电话旁一定要先备好备忘录。

3. 重复客户所传达的具体信息。要尽可能归纳顾客的电话要点或用自己的话进行复述。

另外，开场白或者问候是电话招展人员与客户通话时在前30秒钟要说的话，也就是要说的第一句话，这可以说是客户对电话招展人员的第一印象。所以，一个好的电话沟通，往往开始于一个好的电话开场白。好的电话开场白一般应该注意以下几点：

1. 选择给客户留下深刻印象的开场白/问候语。

2. 注意开场白的五个基本要素：

（1）问候或自我介绍。

（2）相关人或物的说明。

（3）介绍打电话的目的，陈述价值，吸引对方。

（4）确认本次给对方打电话的时间是否可行、可选。

（5）转向探询客户的进一步需求（或以问题结束开场白，等待对方的回答）。

3. 设置礼貌而有吸引力的问候语。当电话招展人员接听电话的时候，应该以积极的、开朗的语气，微笑着表达自己的问候。在问候结束后，电话招展人员可以稍微停顿一下，等客户开口，或者看看客户的反应。当拿起电话的时候，千万避免"喂，你找谁？"或者"什么事情？"或者"怎么样？"或者仅是简单地拿起话筒"嗯"，这样的做法会降低电话招展人员在客户心中的专业程度。

八、客户关系管理的概念

由于产业界和理论界对客户关系管理的空前重视，已经有许多不同的客户关系管理的定义出现。综合现有的概念，大致上可以分为三类：

1. 客户关系管理是遵循客户导向的战略，对客户进行系统化的研究，通过改进对客户的服务水平、提高客户的忠诚度，不断争取新客户和商机，同时，以强大的信息处理能力和技术力量确保企业业务行为的实时进行，力争为企业带来长期稳定的利润。

2. 客户关系管理是一种旨在改善企业与客户之间关系的新型管理机制，它实施于企业的市场营销、销售、服务与技术支持等与客户相关的领域，通过对业务流程的全面管理来优化资源配置，降低成本、增加市场份额。

3. 客户关系管理是企业通过技术投资，建立能收集、跟踪和分析客户信息的系统，或建立可增加客户联系渠道、客户互动以及对客户渠道和企业后台的整个功能模块，主要范围包括销售自动化、客户服务和支持、营销自动化、呼叫中心等。

九、增强会展客户关系的途径

（一）了解参展商参展的价值追求

参展商参加展览会的目的实际上就是他们期望通过参展能够获得的利益。因此，参展商的参展目的决定了其所重视的消费价值的内容。一般来说，参展商参加展览会的主要目的除基本目标、对外交流目的、价格目标、分销目标、商品目标外，还会注重以下因素。

1. 当地政府对行业的支持。政府对行业发展的政策往往是影响参展商是否参展的一个非常重要的因素。当地政府的政策支持能勉励促进行业的发展，如果离开了政府的支持，行业就很难有大的发展。如果缺乏发展的大环境，参展商就不会来参展。对于那些从外部引入的新行业来说，当地政府的支持更是不可少，没有当地政府的支持，这个新的行业在当地根本无法发展，参展商来该地参展无法获利，也就不会来参展。新加坡政府通过政策支持鼓励各城市某个行业的发展就是这方面的一个典型案例。2002年，中国（东莞）国际第二届工业展在广东省东莞市举行。当时有许多港商参展，但没有台商参展。当时参展的有机床、模具等工业品，但没有橡塑厂家参展。组展商引进日本几家橡塑生产厂家参展，在东莞市政府的支持下，东莞的橡塑行业获得了很大的发展。

2. 展地行业市场状况。大多数的展览会属于贸易性质的展览会，参展商在决定是否参展之前，首先要了解展地本行业的发展状况、市场状况。如果展地本行业发展有很大的市场空间，客户状况良好，参展商进入展地有很大的发展潜力，具有良好的发展前景，则参展商会愿意参展。有时候，行业本身也会带动当地展览会业的发展。

3. 配套服务。展览会的成功举办，离不开为展会提供配套服务的企业的配合。展会的配套服务不完善，参展商参展期间饮食、住宿、交通等配套服务不好，也会引起参展商的不满，甚至报怨。

4. 效益额度。不管是展地政府的支持，还是行业状况，参展商实质上关注的是自己参展能够带来多大的交易额，参展是否符合本企业未来的发展战略。如果参展商根据展会提供的信息以及自己掌握的情况，

预测参展能够带来较大的交易额或宣传额度，则他们会参展；反之，他们就不会参展。

（二）了解专业观众观展的价值

除参展商外，专业观众也是一类重要的会展客户。在做好招展工作的同时，也要做好招商工作。目前的市场是买方占主导地位，由买方市场可知，招商工作往往比招展工作更重要，对一个商业性的展览来说，企业参展说到底，是奔着买家来的，没有买家，没有专业客户（观众），参展的企业就会不满意，就会失去下次继续参展的信心。因为厂商参展是有成本的，需有大量的投入，如果没有商业机会，他们自然不满意。展商不满意，就不想再参加，其结果对这个展览就失去了可持续发展的基础，严重时还会影响到展览公司的品牌与信誉。

当然，对不同展会要有不同方法，其中对专业客户（观众）的组织方法会有所不同，一定要从实际出发，认真组织好每届展会的专业客户（观众），因为他们才是真正的"上帝"。

概括地讲，专业观众参观展览会，期望获得下列主要利益：

1. 获得最新的市场信息。

2. 为下一生产季度寻找原料。

3. 建立新的客户联系。

4. 获得潮流信息。

5. 加强新的业务联系。

6. 参加本行业的研讨会。

他们付出的代价主要包括观展费用（差旅费、入场门票）和观展期间费用（食宿等费用）。为吸引专业观众观展，组展商可以通过增加专业观众能够获得的利益，或是降低观展代价，来提高他们的观展价值。

（三）建立客户数据库

参展商数据库，尤其是目标参展商数据库，对于展览业十分重要。展览企业可以大规模采集数据，累积客户信息，科学地进行客户分析，准确掌握客户的心理和需求，不但能使组展商正确决策，还能快捷地关注每位客户的特殊要求，为其提供个性化服务，对以后的招展工作有很大的帮助。客户数据库的资料要尽可能翔实。一般来说，会展客户数据库应包含客户的人口统计信息（客户名称、地址、电话、传真等）、以往参展情况（参展次数，参展摊位，参展负责人的姓名、性别、电话、特殊要求等）、以往参展效果（每次参展的交易额、广告效果）等。

（四）与大客户的沟通

在与大客户沟通时，首先，要完整地收集有关大客户的基础资料，摸清大客户单位所处的行业、规模等情况；摸清大客户内部的运作情况，甚至关键人物的个人资料，包括性格、兴趣、爱好、家庭、学历、年龄、

能力、经历背景、同本企业交往的态度，等等。对大客户的类别划分要准确，一般分为综合大客户、专业大客户、协作大客户和潜在大客户。

其次，要优先对大客户做事，重视大客户的差异化及个性化，保证大客户得到最新、最优、最惠的产品或服务。

最后，要关注竞争者的动向。

在与大客户沟通的过程中，不少企业已经积累了丰富的经验，主要的做法是：

1.努力与大客户签订合作协议。

2.对所有的大客户保持统一的价格和一致的服务标准。

3.对大客户要提供"门到门、桌到桌"的服务。

4.养成走访习惯，最好是分层对口走访。尤其是对大客户的决策者、经办人及财务负责人等，应经常保持沟通，从业务和情感上让大客户感受到"零距离"的服务。

5.与大客户沟通，其角色特点与销售人员有所不同。大客户主管或经理应该是客户的顾问，参展企业人员的职责不仅是发展和培育顾客、销售谈判，还要了解顾客决策流程、收集具有竞争力的情报、发现创造附加值的机会、协调客户的保养、维护和升级服务、信息沟通、订制产品及服务等。

6.要警惕竞争者的参与竞争，保持大客户的忠诚度。

（五）新客户的开发与沟通

新客户是展会的宝贵资源，也是展会未来的发展空间。新客户数量的多寡决定未来展会可能发展规模的大小。新客户的开发与沟通的主要步骤有：

1.确定沟通对象。首先要按展会定位的需要，将客户进行分类：哪些是参展商？哪些是潜在观众？潜在参展商主要生产什么产品；潜在观众主要采购什么产品？这些潜在参展商和观众主要分布在什么地方，各有什么特点？

2.确定预期沟通目标。客户从最初接触展会信息到最后决定参展（参观）一般会有知晓、认识、接受、确信、参展（参观）五个阶段的反应过程。沟通首先要让对方知道你是在介绍哪一个展会，并要慢慢让对方认识该展会，还要让对方接受该展会。通过一步步的努力，对方才会对展会产生信心，才会决定参展（参观）。

3.设计沟通信息。不同的展会信息对不同的客户所起的作用不尽相同。对于理性诉求倾向较强的客户，信息设计就应该从客户的利益出发，着重描绘展会的优势、特点及能给客户带来什么样的利益；对于情感诉求倾向较强的客户，信息设计就应努力激发起客户的某种特定情感；对于道德诉求倾向较强的客户，信息设计应利用客户的道德感来强化他们参加本展会的理由等。

4.选择沟通渠道。与客户沟通在很多方面是与展会

展位营销和展会宣传推广一起进行的，所以，展位营销和展会宣传推广的渠道也是与客户沟通的重要渠道。如报纸、杂志、电视、互联网、电子邮件、广播、人员推销、公共关系、赞助、营业推广等。

在新客户的开发与沟通过程中，要特别注意沟通的连续性和一致性，沟通信息在实体上和心理上要彼此关联，展会沟通的口径和展会徽标要统一，还要有统一的客户利益主张和展会定位诉求，这样才能做好沟通工作。

另外，促进潜在客户转化为现实客户也是一项富有挑战性的工作。要实现这一目标，必须站在客户的角度考虑问题。除了完整地传播展会信息外，还应重视客户的需求、尽量降低客户的成本、重视与客户的每一次接触、了解客户参展（参观）的阻力、尽快提供参展（参观）便利等。

十、联络与谈判的内容

要明确联络谈判工作的内容。联络交际是手段，用来达到某种目的。要根据实际需要和条件确定谈判和联络工作的内容。一般说来，展览单位需要谈判、签署的合同有参展合同、设计委托合同、施工合同、运输合同、宣传及预定展览道具、住房、餐饮、机票等。

谈判首先要争取质量条件，也就是有助于展览成功的条件。

对展览企业来说，质量高的展览会的谈判比较容易。因为这些展览名气大，展地可能供不应求，展览组织者处于挑选参展单位而不容还价。

预付款是展览行业正常现象，但是，如果预付全额或七成，对展览有关单位等的约束力就小，展览有关单位就有可能不那么负责，工作或服务质量就可能下降。

在施工合同、道具租用合同等其他合同中也可能有不公平的条款。都需要认真阅读发现并进行交涉更改。总之，要仔细阅读条款，如果有不公平、不合适的地方，就提出修改。合同条款之外还有两方面的问题需要注意：

1.对展览组织者来说，租场时间越短就越有利于增加利润。组织者通常用缩短搭建和拆除展览时间的方式来达到此目的。这对参展单位通常不利。

2.展览组织者有权指定与展览有关的服务单位。

组织者指定服务单位是为了保证服务质量，但是也有组织者是为即时利益。追求长远利益的展览组织者和指定的服务单位会提供比较可靠的服务质量，而且因为规模经营而提供比较优惠的收费标准；但是追求即时利益的展览组织者和指定服务单位可能会因为没有竞争而不顾质量，因为垄断而收费比较高。

联络谈判工作是展览工作的一个组成部分，是由

于某种原因展览筹备人分别或共同开展的对外工作，是一项经常性的工作。联络谈判工作直接关系到展览工作的条件和效率，因此，展览人员主要是展览筹备人员要重视联络谈判，并有系统的、有目的地做好联络谈判工作。

第六节　参展选择与计划

一、参展商的角色

与其他行业企业与客户之间的关系相比较，组展商与参展商之间的关系显得有点与众不同。在二者的关系中，参展商是"主角"，而组展商则充当"配角"的角色。具体来说，在展览会中，参展商主要扮演以下几种角色。

（一）参展商是资源供应者

作为资源供应者，参展商提供的资源主要包括信息和财产。其中，信息主要指参展商参展的产品信息、对展位的需求信息、对搭建展台的要求、对专业观众的要求等。组展商了解、掌握了这些信息，才能按照参展商的要求布展，才能使参展商对展览会、对组展商提供的各项服务感到满意。参展提供的财产资源主要指参展商为参展所支付的展位租赁费和参展费。这两部分收入以及观众的观展费是组展商主要的利润来源。

（二）参展商是合作生产者

如果说主办方是展览会的"生产者"，那么展览会就是"产品"，而参展商就是展览会这个产品的合作生产者。不管是组展商、参展商，还是专业观众，都希望展览会能够取得成功。要举办一届成功的展览会，离不开组展商、参展商、专业观众以及其他为展览会提供配套服务的企业的通力合作、配合。缺少了任何一方，展览会都很难成功。因此，参展商只是组展商的众多合作生产者之一，但也是必要的、最重要的一个。没有参展商的参加，展览会根本不可能举办。

有些参展商意识不到自己所承担的这一重要角色，他们以为展览会成功与否与自己关系不大，甚至根本没有关系，自己只是组展商的客户。事实上，展览会这个"产品"的质量如何，在很大程度上取决于参展商。如果参展商不合作，展览会的质量是不会好的。

（三）参展商是"产品"

参展商作为展览会不可或缺的一个组成成分，可以说也是"产品"，至少可以说参展商是展览会这个"产品"的一部分，而且是非常重要的一部分。此外，一个展览会的质量如何，不仅仅是看组展商的评估，更重要的是看参展商和专业观众的评估。参展商的成交额、观众的人数是常用的评估展览会质量的两个指标。从这个角度讲，参展商确实是"产品"。

（四）参展商是购买者

组展商是展览会各项服务的提供者，而参展商则是这些服务的购买者。参展商支付参展费、展位租赁费，获得展位的使用权和组展商提供的各项服务。为此，组展商要详细、准确地了解参展商的需求、要求、参展意图，针对不同参展商的特殊要求，为其提供个性化的服务。

参展商是否参加某一届展览会，常常受许多因素的影响。参展商的目前发展状况、企业的发展战备、企业的经费预算、展览的市场状况、展览会的规模、展览会举办的时间等因素，都会影响参展商的"购买行为"，这些因素共同决定了参展商是否参展。因此，组展商在策划展览会时，在选择展览会举办的地点和时间时，要考虑到这些因素。

（五）参展商是使用者

参展商不仅是购买者，同时也是使用者。作为"使用者"，参展商会根据他们的期望与其实际的参展经历之间的差异，判断自己的满意程度。参展商对本届展览会感到满意，才能预定下一届的展位，才有可能成为目标客户。因此，举办令参展商满意的展览会，是组展商创品牌展览会、培育客户忠诚感的主要途径。此外，由于参展商在不同阶段、不同地区的发展战略不同，因此，参展商对每届展览会的期望也不同。组展商应准确了解参展商对本届展览会的期望，为其提供满意的参展经历。

二、参展商的参展目标

参展商的参展目标是展出工作的基石和方向，它主要是根据参展企业的发展战略和市场条件制订的。参展目标不同的参展企业，对展览会提出的产品、服务的数量以及质量的要求也各不相同。

参展企业的参展目标是多种多样的，参展目标也会因为国别不同而有所不同。德国展览协会根据市场营销理论将参展目标归纳为五类：

（一）基本目标

包括了解市场、寻找出口机会、交流经验、了解发展趋势、了解竞争情况、检验自身的竞争力、了解本企业所处的行业的状况、寻找合作机会、向市场介绍自己的企业和产品。

（二）宣传目标

主要包括建立个人关系、树立良好的企业形象、了解客户的需要、收集市场信息、加强与新闻媒介的联系、接触新客户、了解客户情况、挖掘现有客户的潜力、训练职员调研以及推销技术。

（三）价格目标

包括试探定价余地、将产品和服务推向市场。

（四）销售目标

主要包括扩大销售网络、寻找新代理、测试减少贸易层次的效果。

（五）产品目标

主要包括推出新产品、介绍新发明、了解新产品推销的成果、了解市场对产品系列的接受程度、扩大产品系列。

参展目标的分类虽然有所不同，但主要包括调研市场、宣传参展企业和产品、建立和巩固客户关系、市场交易等。会展企业应当事先了解参展企业的参展目标，并以此为依据，为参展企业提供展出咨询以及其他针对性的服务。

参展商的第一要务就是制订参展目标，目标一定要实际、具有可测量性，而且能被工作人员理解。但令人惊讶的是，很多参展商都忽视了这一问题。

因此，许多参展商在展览会上并不能达到预期的目的，也就是说，失败的最大原因是没有制订好目标，其他原因还包括他们总是理所当然地认为观众们会奇迹般地出现在展位前。为展览会招揽观众是展览会管理部门的责任，而把参展观众吸引到展位就是参展商自己的责任了。

会展和企业活动可以成为有效的营销工具，但是由于对两者概念的广泛误解，因此使用不当。在营销工具策略中，我们要研究这两者的优点和缺点，首先从会展开始。

三、会展的优势与劣势

（一）会展的优势

会展一直是商务营销的重要组成部分，也许它的前身就是各种集市和交易会，下面是其优点：

会展提供了与潜在和现有客户面对面交流的机会，它比一系列单独销售更加有效率。在展览会上，一名销售代表在一天中找到的客户可能比他在一个月中拜访的客户都多。有许多主要客户和潜在顾客来到展览会寻求信息和解决方案。

会展吸引了积极的购买者。根据会展行业研究中心的分析结果，参观展览会57%的人计划在未来12个月内购买展会产品。不仅如此，93%的参观者购买行为受到了展会产品的影响，66%的参观者推荐了展会产品销售商，40%的参观者认准了会展上的某销售产品，36%的观展者做出了最后的购买决定。

商业人士认为展览会的信息是很有价值的，因为它促进了购买决策。某展览公司在2001年经过问卷调查发现，12个行业门类中49%的商业人士认为展览会有作用，这个数字仅次于51%的人看好商业报刊宣传，而高于44%的人看好网站的作用。

展览会上的交流与沟通加速了销售循环。根据分析，展会驱动消费所产生的成本比直接场地销售低56%。同时，在一般现场销售中平均需要打3.7个电话才能完成一次交易，而在展览会上平均只要打1.6个电话。该展览公司调查发现，展览会可以吸引64%的被访者购买和推荐某种产品，而报刊宣传和网站的数字分别只有58%和50%。

展览会有助于公司发现新的客户群体。根据报告，在过去的一年时间内，展会中的销售人员对大约12%的参观者进行了短暂访问。展览会提供了发现新客户并建立新关系的机会。

展览会不仅仅只是另一种形式的营销沟通媒介。它的特点是把营销和销售结合在一起，并发挥了它们各自的长处。你可以通过给产品和公司定位，研究客户需求，和业界出版人士交流，获得面对面交谈的各种好处。同时还可以关注竞争对手，获得营销和销售机会。

如果只是为了收集客户名单，那么展览会是一种较昂贵的手段，然而它是一种获得高质量客户的有效方法。在展会期间，有购买能力的买主来到公司展台，他们十分需要更多的信息和解决方案。当然展会必涉及一些旅行和聚会活动，但是展会商务活动主要是商业交易。

在展会参加者当中，经常会有一些平时难以接触到的决策人，这些有影响力的人一般不参加销售人员举办的会议，但是他们会通过参加行业会议紧跟业界行情。根据2001年某展览公司调查研究，在过去的一年中，76%的商人说他们至少参加了一次展览会。这些人平均参观了3次展会，每年在展览会上花费了8天时间。

人们在展览会上可以有许多种选择。其他参展商也可能成为你的客户。你的竞争对手也可能成为你的商业伙伴。展会的气氛就是做生意，因此每一个人都是值得去影响的。

（二）会展的劣势

多年以来，对商务营销人员而言，展览会仍存在许多问题。在营销预算之中它占据了相当大的份额，于是产生了能否缩减费用之类的问题，展览会在以下几方面引起了较多的争议。

与其他营销沟通渠道相比，会展的费用较高。如果在展览会上与客户每次联系的平均花费为250美元，而通过信函和建立网站方式只花费平均1美元和2美元的话，你就需要一个充分理由参展。

如果缺乏精确的度量方法和对会展结果的准确衡量，展览会的预算可能是一个无底洞。

许多公司在一些表面项目上花费过多，例如摊位、招待会、租金等，而在一些真正起作用的地方花销过少，如计划、促销、数据收集、展会后期跟踪等方面。

公司的营销人员给展会方组织经理的授权过多，而展会经理所受培训是关于物流管理方面的，其在市场营销方面的技能较弱。因而，指望他们来实施营销策略管理和进行具体行业服务是不现实的。

相对来说，会展是一种高风险的营销策略。大多数情况下，每年举办一次就完了大部分预算。

因此，许多高层管理者和市场营销人士对会展的有效性产生怀疑，这一点不奇怪。

四、企业参展选择技巧

在会展经济日趋繁荣的今天，许多企业都会雪片般地收到各地展览会的招商信函和每天接二连三的招展电话。如何在内容相同、题材一样的众多展会中选择一个优秀的展览会，常常是企业决策者们颇感困惑的问题。下面一些建议，对企业决策者选择展会也许能有所帮助。

（一）留心展览会的"历史"

欲参展的企业可向展会主办方索要（或借阅）所办展会的历届会刊，并从以下几点进行分析：

1. 参展商的数量是否随着展会会龄的增加而递增？

2. 历届展会中重复参展的企业是否占据相当的比例？这是因为只有绩优的展会才能留住曾经参展的企业。

3. 参展企业在行业中的知名度及其产品的代表性如何？另外，这些内容还可以向曾经参展的企业进行咨询，了解历届展会的主要情况。

（二）核实展览承办方的实力

当企业收到印刷精美的招商函件时，往往会对一大串展会的主办、承办、支持单位感到疑惑。对此，应持谨慎态度。事实的真相很简单，部分展览策划者为了提高展会吸引力，常常花钱给那些愿意收取一定"出名费"的行业协会和有关主管部门。而这些挂名单位并不参与展览策划、组织、宣传、日常联络、跟踪服务等具体工作。为了防患未然，欲参展的企业可在招商信函上找到展览承办方的通讯联络地址，然后向其直接索看营业执照，了解该承办企业的注册年限及注册资金。同时结合电话沟通、信函往来、登门拜访等方法对该企业员工的行业知识、组展服务能力等方面进行综合考察。细心的企业决策者还可比较"展龄"和承办企业创办的"年龄"。因为目前已发现一些成立不久的展览公司闹出其推出的"展龄"比自己的企业开办"年龄"还要大的笑话，这往往是"克隆"和沿用其他同类品牌展会造成的。粗心的企业往往会误认其就是要参加的品牌展会，从而上当受骗。

（三）摸清展览会的规模

了解是否有足够多的参展企业；已参展企业是否包括行业的主要生产供应商；已参展企业的国际区域性、广泛性和其产品高新技术含量的代表性。展会的规模很重要，因为只有大型展会和组织严密的专业展览会，才有吸引力和感召力，才能形成人流、信息流、贸易流，才能产生无限商机。

（四）关注展览会的内容

随着展览业的升温，一些展览会承办者为了扩大影响，常把展览的内容无限扩大，对此应引起参展企业的关注。

一般有成效的展览会，应该在"专"字上下工夫。不仅参展的企业要专业，而且观众也应对口。现在有些展览会，随意增加展览内容，甚至在一个标题下再拖上10个以上的题目，还美其名曰"××博览会"。实际上有的题目只挂了名，根本没有参展企业。这种题目繁杂、广种薄收的展览会，往往会使参展商感到无序，观众感到失望。毫无疑问，展会不会有多大效果。当然，一些如家具、建筑等品牌展览会，在主题展中有若干题目，则是另当别论。

（五）查看展览会的宣传

一个国际性品牌的展览会往往是连续、滚动、不间断、全方位、全行业进行展前、展中和展后宣传报道。

但有些展览承办者，由于缺乏资金投入、办展经验、行业了解和宣传渠道，往往只注重做几个招商广告，而忽视广泛宣传组织专业观众，办事虎头蛇尾，最终导致会场冷冷清清；寥寥无几的参展商加之比其更稀少的观众，当然更谈不上专业客户了。也有不少的展览因此被迫更改日期、延期举办，甚至取消展览，使已报名参展的企业不仅所交参展费用索讨无归，而且展品已运出、布展费用已付出、机票酒店已订好、花费邀请的贸易客户已出发……损失惨重。

（六）查看展览举办的场馆

展览会选择什么场馆、在场馆的什么位置布展也是展览会能否取得收效的重要因素之一。有的规模不大的展览会，为了造声势选择了一个大型展馆，尽管布展时划分了区域，但仍使展览会显得稀稀拉拉，无法形成足够的人流，也无法产生良好的效果。有的展览会放在场馆的楼上或里面，常被设在楼下或靠近前面展馆的其他展会所"压制"，很难显山露水、独领风骚。如参加这样的展会，企业设定的预期目标恐怕要大打折扣。为规避这样的风险，可采用以下三种方法。

1. 有条件的企业可亲自到展会现场实地考察，内容包括展馆的硬件设施、货运通道、停车场、附近的酒店和交通、通讯等。

2. 向展馆核实展览承办方是否已为其所办的展会签订了相应的租赁协议、租馆部位以及租馆面积的大小。

3. 向主办方了解是否举办其他不相干的展会并相互干扰。

（七）重视展览的展期

一个在行业中享有很高知名度的国际性大型品牌展览会一定是在每年气候宜人的季节和固定地点举办，贸易双方都是早有计划安排的。尽管大部分展馆都配有空调，但在高温酷暑或低温严寒季节举办展会，常会影响观众的参与热情。大凡在这些非展览"黄金"季节举办的展会，多是筹备仓促、招商乏力，因此展会效果可想而知。

（八）注重展览承办方的诚信

展览承办者在组展过程中是否有商业欺诈行为，必须认真核实，这是至关重要的。常见情况如下：

展览承办方不预定和签订租馆协议，便广为招揽参展企业，待收到足够的展台费后再租赁展馆的少量面积，这种展览往往在展览的淡季即高温或严寒季节举办。

为造声势，部分展览承办者不惜工夫制造假参展企业名单，并绘制在展览平面图上，以达到引诱同行参展的目的。企业一旦参加这样的展会，待到展会开幕时便会发现：不但原先标注在参展平面图上的左邻右舍的企业不见踪影，而且取而代之的竟然是出售玩具、工艺品、保健食品等与专业会展毫无相干的展览"追星族"。

最让参展企业感到愤怒的是，展台收费混乱，一旦展览承办方招商不利，随着展期的临近，便以低价销售剩余的展位，甚至出现展前拉企业免费填空位的现象。

出现上述情况，展览承办方将无力投入展前的用户组织和广告宣传工作，以致展会开幕之际即是参展商跟展览承办方发生冲突之时，随之媒体频频曝光，后果不堪设想。

综上所述，企业决策者经过多方考察和研究，不难选择到一个对企业自身产品宣传、推广和树立企业形象有利的优秀品牌展览会，达到事半功倍的目的。否则，就可能给企业带来损失，甚至血本无归。

五、参展广告计划

所谓参展广告计划，就是在展会参展广告策划工作开始实施之前，就对参展广告工作及其要达到的效果进行统筹规划，事先安排好什么时候该开展什么样的参展广告而活动，采取什么样的参展广告措施、到什么阶段参展工作要达到什么样的广告效果、完成什么样的广告任务等。

展会参展广告策划工作是一项阶段性和时间性都很强的工作。一方面，当展会筹备工作进行到不同的阶段时，就要相应地采取不同的参展广告措施予以配合，不然，参展的广告效果就会不太理想；另一方面，展会参展广告工作要非常注意时间安排的合理性和配套性，注意"到什么时候做什么事"，如果广告时间安排不合理，参展广告工作的效果将微乎其微，难见成效。

有了这样一张参展广告计划表，就可以有条不紊地按计划开展参展广告活动，并对各阶段的参展广告效果及时进行检查。如果发现没有达到参展广告的阶段性目标，就可以及时采取补救措施，促进参展任务的顺利完

成。（见展会参展广告进度计划表）

参展广告计划一旦制订，就要按该计划将参展工作一步步地展开，努力按计划完成每阶段的参展任务。当然，如果具体情况发生了变化，参展广告计划也可以进行局部调整以适应新情况的需要，但一般来说，如果不是出现重大变故或者是该计划本身就制订得不合理，参展广告计划一般不要做过多的大幅度调整，否则，参展工作进度将会受到很大的影响。

展会参展广告进度计划表

时间	相关内容
8个月前	任命新闻负责人，或开始联系委托代理； 收集、整理、更新目标新闻媒体和人员名单。
6个月前	制订新闻工作计划； 准备、编印新闻材料。
4个月前	开始新闻宣传，发新闻稿
2个月前	举办一次记者招待会、发布展出基本消息； 交展会及新产品情况提供给媒体； 安排展览会期间的记者执行会，包括时间、地点、发言人、内容、议程等； 预定展览会新闻中心信箱； 拍摄产品及展台照片； 准备新闻资料袋。
1个月前	向地区和地方报纸提供展出有关情况、资料； 邀请记者参加记者招待会、参观展台。
2个星期前	检查展期新闻准备工作； 参与展览会的新闻活动。
1个星期前	向展览会新闻部门提供有新闻价值的项目、产品、重要活动等； 举办记者招待会。
展览会之后	收集媒体报道情况； 如果在展览会期间对记者做过许诺（比如提供信息、案例、安排采访等），一定要尽快予以办理，或告知何时将办理； 向未能参观展台的记者寄资料袋； 向出席招待会、参观展台的记者发感谢信； 向所有记者寄展台新闻工作报告； 迅速、充分地回答有关新闻报道引起的读者来信； 与媒体保持联系。

六、参展计划和注意细节

在一定规模的展览会里，几百个展位堆在一起，也许有上万名甚至几万名参观商蜂拥而至。如何让更多的参观者注意到您的公司，确实要花一点心思。以前，很多参观者是到了现场才临时决定参观什么展位，那么，布置新颖的展位确实能吸引到这类参观者的注意。但现在，越来越多的参观商会事先大概定好需要参观的展位，情况就大大不同了，如不事先做好准备，这些参观者也许就会与您擦身而过。据调查，参观商参观那些曾经在展前寄发过邀请函的参展公司，比参观其他公司的展位机会大四倍，可见展前做好宣传十分有效。

（一）

1. 该次展览能满足我们市场拓展的需要吗？
2. 展会日期是否合适？
3. 同期有别的展会举办吗？
4. 展会地点是否便利？
5. 有多少与会者是来自目标市场？
6. 有多少与会者是来自我们主要的服务地区？
7. 组展机构怎样推广展会？
8. 上届展览的业绩如何？
9. 哪些竞争对手将参展？
10. 展会组织提供以往参展商的联系方法吗？
11. 公司中有人曾参加过这个展会吗？
12. 我们可为此展会投资多少？
13. 展会组织对参展商的推广提供什么协助？
14. 组展机构可以提供参观买家专业性的保证吗？
15. 我们希望通过参展得到多少回报？展览前9~12个月制订参展计划。
16. 该展会能为我们现行的市场策略服务吗？我们的需求是：
★提高现有市场的现有产品或服务；
★向现有市场推出新产品或服务；
★将现有的产品或服务投向新的市场；
★将新的产品或服务投向新的市场；
★增强公司在现有市场的形象；
★将公司推向新的市场。
17. 需要展出什么产品？
18. 在这次展会上谁是我们的目标观众？
19. 我们参展什么产品？
20. 我们有书面的参展计划吗？
21. 参展预算已确定了吗？
22. 我们的展位已确定了吗？
23. 订金必要的保证金已支付了吗？
24. 怎样的展位设计符合我们的要求？
25. 我们能使用现有的展示品吗？

26. 我们需要新的展示品吗？
27. 我们需要新的宣传画吗？
28. 我们需要预定什么展览服务？
★楣板
★电气
★地毯
★视听器材
★给排水
★展位清洁服务
★植物摆设
★电话
★电脑
★打印机
★垃圾篓
★家具
29. 安全服务是否必要？
30. 是否安排好展位的安装与拆卸？
31. 怎样安排货运？
32. 有什么需要了解的当地工会条款？
33. 保险安排？
34. 是否准备好工具箱？
35. 酒店服务预定好了吗？
36. 注意展位付款的最后期限。
37. 需要提供展位信用卡交易方式吗？
38. 需要营业执照吗？
39. 指导卡片已设计并打印好了吗？推广计划提前6~8个月制订。
40. 展前推广如何进行？
★个人邀请函（包括介绍和回复函）
★广告（贸易出版物，当地媒体）
★直邮广告
★电话推广
★公关
41. 我们的展位号是否包含在展前的推广材料中？
42. 需要印制额外的传单、目录和价目表吗？
43. 印刷品准备好了吗？
44. 对其他的公关活动做好计划了吗？
45. 我们的展览指引条款已完成并寄出了吗？
46. 怎样的赠品能取得更好的效果？
47. 我们要组织什么样的现场推广活动？
★机场广告/户外广告板
★酒店电视广告
★运输广告
★展会每日广告
★酒店房间推广
★展会目录广告

48.我们要组织一次观众竞赛吗？

49.我们的竞赛和赠品符合当地的法规吗？

50.要预定多少门票？

51.欢迎仪式筹备好了吗？提前4～6个月计划好参展人员。

52.展位上需要多少工作人员？

53.谁是代表公司的最佳人选？

54.展位经理指定了吗？

55.参展人员的培训准备好了吗？

56.定好展前会议的时间了吗？

57.参展人员熟悉展出的商品和服务吗？

58.是否组织好一个演示会？

59.是否有一个准备回答问题的技术代表？

60.是否确定了服装代码？

61.是否为参展人员预定了足够的证件？

62.参展人员是否有足够的名片？

63.展位时间表是否制订好？

64.谁负责监督展位的安装和拆卸？

65.该负责人是否清楚展会的出入程序？是否在展会前为展会后的事情做好准备？

66.是否为参观者提供引路服务？

67.是否制订了每天的总结会时间？

68.是否会向登记的参观者寄出感谢信？

69.怎样处理展览指引？

70.怎样监管展会上的销售？

71.参展工作人员会得到怎样的奖励？

72.怎样评价该次展览？

73.展览费用是否在预算之内？

74.是否应修改下一年的预算？

75.还有什么别的国内、国际展览？

（二）参展细节

参加展览会，提升企业知名度，宣传与推介新产品已成为企业重要经营战略的一部分。如何有效地充分利用展览会，让展览会成为现代企业最佳的销售与营销工具，实现企业的长期经营目标，是许多企业关注的核心问题。

1.展览会期间，除与客户洽谈商务外，应坚持站立参展。因为展览会期间坐在展位上，给买家与专业观众留下不想被人打扰的印象。买家与专业观众产生这种印象后，他们就会感觉你对潜在客户不够重视与热情。因此，会影响他们对企业产品及相关服务的选择。

2.参展商在有限的展位空间，不应看闲书与报刊。应充分把握机会引起对方对企业与产品的注意，吸引买家与专业观众停下来，对企业与产品进行咨询，精神饱满地回答有关问题，提升他们的信心。如你在看报纸或杂志，机会也就因此从身边流失。

3.展会上应杜绝随意吃喝现象。因为这种粗俗、邋遢和事不关己的表现会使所有潜在客户对参展企业产生极差的印象，继而影响他们对参展商的企业文化、管理水平、员工素质、产品质量的评估，导致对企业与产品的不信任。

4.关注与发现每一个潜在客户是参展商参展的重要目标。应竭力避免怠慢潜在客户的行为，哪怕是几秒钟。显而易见，谁都不喜欢有被怠慢的感觉。如你工作正忙，不妨先与客户打个招呼或让他加入你们的交谈。如你在与参展伙伴或隔壁展位的人谈话，这时应自觉立即停止。

5.参展期间，要注意打手机的方式与时间。恰当的电话，每一分钟都会相应养活与潜在客户交流的时间。从而直接影响企业在展会上的业务目标。在展会上，即便只能找到一个好的潜在客户，也是一种成功。而不恰当打手机，往往可能会使你与客户失之交臂。

6.展会上发资料要注意合适的方法。首先宣传资料费用不菲，更何况企业不乐意将成本很高的宣传资料白白流失在人海中。怎样才能将价值不菲的信息送到真正需要的潜在客户手上呢？邮寄，便是一个较好的方法。在展会上，你可告诉潜在客户，无意让他带太多宣传品，加重他的行程负担。展会后，你会把他要求的材料寄给他。这样做参展商可以一举多得：既表明参展商的专业性；同时又可以用信跟进的方法，加深印象；也有好的理由做电话或E-mail的系列追踪。

七、展览选择中的常见问题

在展览选择中，需要注意避免一些错误的选择观念和方法，不考虑自身的需要，不考虑市场条件，不对展览会做调研、选择工作，仅出于某一个孤立的原因，或出于某一个单方面的考虑而做出的展览选择往往是错误的。

（一）因为被邀请而选择展览会

邀请可能是展览会组织者发出的，也可能是名人、政府部门、工商会、行业协会等发出的。展览会组织者发出的邀请，如非确实需要，大多可以不予理会，名人、政府部门等发出的邀请也许能证明展览会有些影响，质量不会差，但是不考虑自身的营销需要和市场潜力就接受邀请决定参展是不明智的，对于企业，低层次的邀请（包括展览会组织者的邀请）不必考虑，高层次的邀请也只能作为考虑因素之一。

（二）因为费用低而选择展览会

费用是选择展览的因素之一，低投入、高产出一直是所有商人包括参展企业所追求的。但是在靠供求关系调节的市场经济中，费用低必然有其原因，大的原因可能有三点。

1.展览会所在地的市场潜力可能不大。

2.展览会可能不适合参展企业的需要。

3.展览会质量效益可能不理想。

因此，因费用低而选择展览会往往是错误的，实践也证明了这一点（但是要说明的是，政府部门或其他方面资助的展览会不在此范围），费用高低很重要，但是更重要的是成本效益，因此不能孤立地考虑费用而要综合地考虑，市场是否有潜力、展览会是否适合参展企业需要，展出效果是否好应该作为选择的最重要的考虑因素，费用低应该放在相对次要的地位。

（三）因为评价好而选择展览会

社会名流、政府部门、商会协会、新闻媒体等可能对某一展览会做出相当高的评价，但为此而做出选择可能并不恰当。需要注意以下几方面问题：

1.这种评价可能是展览会组织者所做的公关工作的结果。

2.评价者出于本身需要，按照本身标准评价展览会，其需要和标准与参展企业可能不一致。

3.评价者可能不是内行。

因此，这类评价只能作为展览选择的参考依据而不能作为主要依据。

（四）因为竞争对手参加而选择展览会

这是一个相当普遍的现象，尤其是大公司。好的展览会是重要的贸易场所，对扩大或保持参展企业影响有积极的意义。但是，竞争对手参加某个展览会自有他的战略和战术考虑，各人的参展原因不一定一样，他人的参展行为不应该作为自己的参展理由。因此，除了要考虑自己的营销战略，即为什么参展，还要考虑营销战术，即采取什么样的营销方式。商场竞争不一定都要正面搏杀，克敌制胜、占领市场的方法多种多样，总之要根据自身的需要多方面考虑，不能被竞争对手牵着鼻子走。

（图3-1）

（图3-2）

第 *4* 章

会展后勤管理

第一节　展品包装与运输

展品运输工作是筹备会展主要业务之一，必须指定专人负责，并制订具体方案。运输工作需要考虑的因素包括日程、方式、费用、代理等。运输工作涉及的单证、手续、保险等需要统筹协调的安排办理。展品是参展企业给参观者留下良好印象的重要因素，展品运输工作对展出工作效率与效果有着直接的、重要的影响。

一、展品的包装

展品包装、装箱是展品运输工作的第一步。工作内容依次为小包装、大包装、打印标志、衡量重量和尺寸、装箱、制作清册。需要注意的是在展出地，展品被损是无法更换的。因为，正常贸易运输往往是品种单一、尺寸单一，而展品运输品种复杂，尺寸不一，因此，衡量、造册工作要求也较高。

（一）销售包装

展品的直接包装是小包装，也称销售包装。展览会结束后，展品或者回运，或者赠送，或者售出，在大部分情况下，展品还要再包装，因此，展品小包装不能是一次性的包装。小包装的功能有两种：一是保护功能，在运输、搬运过程中保护产品；二是艺术功能，放在货柜上能吸引顾客。如果展品是直接展出（裸展），可以不考虑小包装的艺术效果，而着重考虑其保护功能。小包装要人工搬动而不用器械搬动，因此要注意重量。为了装卸、搬运方便，包装箱不宜过大。小包装箱大多是纸箱。

（二）运输包装

小包装外需要大包装，也称作运输包装。大包装箱多是纸箱和木箱。如果可能，尽量使用纸箱包装，因为

有些国家对木材包装要求严格，规定必须使用经过处理的木材。展品包装箱应当坚实、简便。运输包装箱应结实、耐用以适合长途运输需要。包装箱应设计简单，以便非专业包装人员可以打包和拆包，可以人工开箱并再封箱而不带借助器械。大包装箱不论是纸箱还是木箱，在封箱后最好再用打捆机打捆，因为纸箱的胶条和木箱的钉子不一定能反复装运。大包装箱也要注意尺寸，要能够出入展场的门和电梯。

（三）集装箱或木套箱

大包装箱还不是真正的运输箱，用于运输的箱子是集装箱或木套箱。展品箱尺寸不一，要紧凑地装入运输箱中需要一定的技术，因此装运输箱最好由有经验的人指挥。装箱紧凑，一是防止运输途中摇晃，二是为了节省体积。运输费用是按体积计算的。易碎物品箱最好放在运输箱的上部，以免被压坏。动植物检疫物品箱最好放在运输箱靠门处，以便于提取。

（四）包装衬垫物

垫底物应使用规范的化学包装材料，比如气泡塑料膜、泡沫颗粒等，因为它们的防震防压性能好，禁止使用稻草、废纸等易带病虫害源的物品。衬垫物也有重复使用问题，因此要用可以重复使用的包装材料，比如气泡塑料膜就比泡沫颗粒容易重复使用。

装箱时可以装一些小工具，钉、钩、绳、胶条等现场布置、维修可能使用的东西。随时使用的尤其是当地不易买到的东西也应该装箱。但是易燃、易腐、有毒展品严禁装箱。一般使用替代品，这一点在选择决定展品时就要考虑到。鲜活品需要单独装箱，快速运输。

会展物流的主要任务就是安全、快捷、高效地组织会展活动所需要的各种资源及各参展商的展销产品由供

货地向会展场馆转移，由会展现场向购买者过渡，会展结束后再由会展现场转移至参展商或其他地点。

二、展品运输的要求

（一）安全性

所谓安全性是指物流过程中要保证物品的安全。一般而言，会展活动所需要的设备物资由会展组织者采购，而参展商展销的产品运输则在会展组织者的统一调度下自行负责，既可以委托会展组织者解决，也可以委托会展物流中介机构解决。不管由前者还是由后者解决，承运人在运送货物过程中必须保证物品不发生破损、缺失、霉烂、腐败、水渍等有损展品原有使用价值的事故，避免因此而造成的展品质量不合格，从而导致会展准备工作的推延、中断或者影响会展的效果。

（二）快捷性

方便快捷是会展物流高效的体现。我们知道，一般来说，会展的时间都相对比较短，从会展策划到最后撤展时间跨度一般不超过半年，因此，这就要求会展组织者以及会展物流企业在确保展品运送质量符合经济原则的前提下，还要以最快的速度完成会展物资从供货点到会展场馆甚至至购物者所在地的空间转移活动。不能出现物资运输迟滞或者供货不及时，从而给会展带来不必要的麻烦。

（三）准确性

会展物流的准确性要求比较高，在发货、运货、提货以及相关通关和保险等各个环节业务中都要保证货物与单证相符，在整个货物运送过程中不能发生错、乱、丢、损等责任事故。由于会展期限一般比较短，对货物运送的时间性要求很高，因此应力求准确无误地完成会展物资的运输流通工作。

（四）经济性

会展物流的一个基本原则是其经济性，它要求会展物流要实现低消耗或者低成本的任务，即在保障安全、快捷、准确的基础上，对物资运送所选择的运输路线、运输工具、运输方式等进行综合评价，继而选择最节省的人力、财力和物力组合，以最大限度地降低物流成本。

（五）绿色运输

20世纪90年代以来，以可持续发展为目标的绿色革命蓬勃兴起，给企业带来了新的挑战，同时也带来了无限商机，绿色物流应运而生。

绿色物流是指在物流过程中，抑制物流对环境和资源造成的危害和浪费，通过对运输、仓储、包装、加工等物流环节的绿色化改造，实现环境的最小影响和资源的最充分利用。

在会展物流中贯彻绿色物流的理念，能保证会展业的可持续发展。在会展物流的运输、包装、流通、加工、仓储等环节中输入绿色管理理念意义重大。

三、产品运输的基本程序

对于参展商而言，只有当展品被安全送到展览会现场后才能按计划布置和展出，因而展品运输工作会直接影响主办单位的筹展进程。为保证展品如期、安全地抵达展览会现场，参展商需要和运输代理商密切配合。概括而言，展品运输的基本程序可以分为四个阶段。

（一）运前：认真挑选运输商

在参展商确定参展以后，主办单位会告知其指定的运输代理商信息，参展商也可以主动向主办方了解。与此同时，运输商也会得到一份参展商名录，并主动与他们联络。通常的操作方式就是：运输代理商将一份货单传给参展商，上面列出收费标准、发货日期、收货人等项目，参展商将货物的情况填写清楚后回传给运输商。尤其需要注意的是，参展商一定要将展品的详细情况告诉运输商，譬如有没有超长、超大型或者有特殊要求的货物等。

在协议签订之前，运输商一般会给参展商传真一份运输指南，其主要内容包括运输公司和展览馆的通讯地址、联系方式和联系人、接货时间安排、包装标志、收货人（一般就是运输公司名称）、到货通知、保险、服务项目及收费标准、委托协议等。以下是某参展商和××运输有限公司签订的委托协议书，仅供参考。

委托书

我单位委托××运输有限公司办理××展览会展品的运输服务如下：

提货运至展馆外；提货至展台；协助装卸；办理回运；有关费用按运输指南要求支付（在所需服务号码下画"√"）。

运输方式：a.空运；b.铁路运输；c.汽运；d.自送

到达站：a.上海浦东国际机场；b.上海火车站；c.××运输有限公司仓库；d.上海新国际博览中心货场

发货单位名称：

地址：

电话：　　　　　　　　传真：

联系人：

展品名称	件数	重量/千克	体积（长×宽×高厘米）	保险价值/元（人民币）	备注

负责人签字：　　　　　　　　单位盖章：

需要指出的是，海外参展商虽然可以自由选择运输商，但应该注意：对于普通商品来说，参展商可以任意选择一个运输公司来承运，但是对于海关监管的展品的运输，则不是任何公司都能完成的。目前，并不是每个公司都可以做这种监管运输的业务。因此，海外参展商在选择运输公司时要特别注意这个问题。

（二）运中：紧密联系运输商

发货后要通知运输代理商，告诉对方负责人货已经发出，并将运单传真过去，上面写清楚货名及规格、发货公司的名称等信息。通知的方式最好不要仅用电话，最好以书面形式发传真，以便于对方根据文件上内容进行核对。

在发货时，包装箱的标签要全面、清楚，包括企业名称、展览会的名称、展台号、日期、货物名称等。这些虽然是细节，但很容易产生麻烦，有的企业只写展览馆的名称，而没有写展览会名称，这就可能耽误运输。在欧美发达国家，货物运输的各项标志比较规范。例如，在较大设备的包装箱外，参展商会在箱子四角用火烫出链子状的标志，表明这里是可以用来起吊的位置。另外，机器的重量、重心、方向等都有清楚的标志。这样，展品进场时工人搬运操作起来就不会把货物碰坏。如果展品是易碎品，在包装时要加好防震材料，箱子外面则特别注意易碎标志；如果展品不能倒放，也应该清楚表明。

此后，参展商要继续和运输代理保持紧密的沟通，因为在运输过程中通常会有一些意外情况发生。按照惯例，参展的货物通常是在开幕前两天运到，万一出现差错便会影响布展工作。

（三）进馆：迅速有序搬进场

由于展前准备时间一般很短，更何况有些设备还需要有调试的时间，因而展品进馆时间非常宝贵，所有参展商都希望自己尽早进馆，但这是不现实的。在一些大型机械展中往往会出现这样的现象，某个参展商的展品很大，进馆时堵在了场馆的中间，导致谁的展品也进不去。因此，为了节约进馆时间，参展商应该听从运输代理商的安排，由运输商根据自身的经验统筹安排，通过这种方式尽可能地争取时间。

另外，目前由于部分展览馆管理不善，在展览会搭建现场往往有一些游击队式的搬运工。他们看见参展商进来就蜂拥而上，以极低的价格承揽搬运业务。这种搬运服务价格虽低，但服务质量没有保证。在搬运过程中发生展品损坏时，他们通常的办法就是逃跑。有的甚至本身就不是真正的搬运工，在搬运过程中会趁机盗窃展品或参展商的钱物。

（四）展后：妥善处理参展品

展览会结束前夕，参展商需要和所委托的运输商提前沟通，商定好撤展以及展品回运的地点、时间等事宜。

另外，由于同主题展览会的存在，一些企业有时希望在展览会结束后再去参加在另外一地举办的展览会。如果是进口展品，就要事先与运输代理商沟通，因为海关监管的产品报关手续比较烦琐。若两个展览会不在同一个国家，参展商除了要考虑海关转关时间的因素外，还应考虑运输的问题。每年某些季节是航空公司空运的旺季，有时候空港运输太紧，航空公司不接受订舱，这样会使展品无法及时运抵目的地。如下附表1和附表2：

附表1：展品运输表

类别	项目	去程	回程	合计	总计
展品费	制作、购买费、包装费				
	维护费（保卫、清洁）				
	保险费				
	关税				
	增值税				
	附加税				
	销售税				
	所得税				
运输费	参展企业所在地路陆运及杂费				
	发运地仓储费				
	装货港口、机场、车站费				
	保险费				
	运输及杂费				
	运地港口、机场、车费				
	装卸费				
	目的地仓储费、堆存费				
	至展馆运费				
	装卸费、掏箱费				
	空箱回运费				
	空箱存放费				
	运输代理费				
	海关代理费				
其他					

附表2: 会展展品运输计划表

负责人	
展览名称	
地点	
日期	
展出面积	
展品集中日期	
装车日期	
发运日期	
运输计划表	
抵达目的地日期	
发运港（机场、车站）	
目的港	
运输标准	

四、展品运输方式的选择

运输路线与运输方式有着密切的关系，常常互为决定因素。

运输路线最简单的是门到门运输。这里所指门到门运输是将卡车开到参展企业所在地装货，然后直接开到展场卸货的运输方式，不是指将货物交给运输公司，由运输公司安排运输，在展场交货的门到门运输服务。

国际运输路线最常使用的路线可以分为三段：第一段，从参展企业所在地将展品陆运到港口；第二段，从港口将展品海运到展览会所在国的港口；第三段，从港口陆运到展览会所在地。运输费用通常也是这样计算的。

运输方式主要有水运（包括海运和内陆水运）、空运、陆运（包括火车运输、汽车运输等）、邮递、快递、自带等。运输方式也可以分为：集中运输、分散运输、专运等。集体运输和分散运输将在"集体运输"一段中讲述。各种运输方式有着不同的优势和劣势。

（一）水运

时间长，但是费用低。水运，尤其是海运可能是大型国际展览的主要和经常使用的运输方式。

（二）空运

时间快，适于时间紧、数量少、特殊的货物，比如生鲜产品等。空运费用一般比较高，但是如果货物少，只有几小箱，费用可能更省。但是在一般情况下尽量少用空运。

（三）陆运

介于水运和空运之间。陆运可能是展览运输最广泛使用的、不可缺少的方式。如果是漂洋过海的国际展览运输，则需要安排港口两端即港口与参展企业所在地和港口与展览会所在地的陆运。而更多的是国内展览或大陆（比如欧美大陆）内的展览运输中需要陆运。在欧美大陆，展览运输相当发达，展览运输常常是使用专用卡车进行门到门运输，卡车在参展企业所在地装货运到展场卸货。

（四）散运

或称一般货运。运输公司在仓库收货，拼装发运。拼装可能需要比较长的时间，但是收费比较低廉。

（五）专运

运输公司在仓库收货或到发运人指定地点收货并将货物直接发运到目的地，可以是一种门到门运输服务。专运时间快捷一些，但是收费要高一些。

其他运输方式，包括特快专递，适于特急、小件物品；如果展品不多，很多参展企业更愿意随身携带，但要注意海关手续问题。

运输路线和方式的选择要考虑的因素主要有：路程、时间、展品情况和特性（即数量、体积、重量）等；特殊要求，比如展品是否易腐，是否需要冷藏等；费用，包括运费和保险费等，保险费在运输途中按时间增值计算，运输贵重物品时，海运和空运的保险费大不一样；最后还要考虑安全性。

运输路线和方式的安排有一些原则，尽量将展品安排运到展览现场，即安排门到门运输或门到门运输服务；尽量使用集装箱或其他安全的运输方式；尽量不要多次发运，争取一次发运，发运批数多了容易造成混乱；尽量减少搬运次数，以降低破损率；如果可能，尽量避免转船、转运。

五、保险

（一）保险种类

组织展览需要办理保险。展览会组织者一般不负责展出品的丢失、损坏和人员的伤亡事故以及在展台内发生的第三者伤亡事故。因此，参展企业需要自行安排保险。保险涉及投保险别、投保金额、投保期限等问题。保险不仅涉及展品和运输，还涉及展台人员、参观者等，因此，展览所有有关险别在此一并说明。

展览涉及的险别比一般人想象得多，包括展览会取消险、展会推迟险、政治险、雇工责任险、运输险、战争险、火险、盗窃险、破损险、人身伤害险、公众责任险、人身事故险、个人财产丢失险、医疗保险等。展览会的保险名目繁多，比较冷僻的险别有展览会附属研讨会主要发言人未出场险。

但是，参展企业没有必要保所有险别，应根据规定和需要选择险投保。展览会组织者、运输公司、施工管理部门等会规定一些强制性的保险要求，这些规定应予以执行。此外参展企业可以根据自己的实际需要保其他险别。

（二）办理投保需要注意的事项

展品和道具险保期要包括运输和展览全过程。投保险别有展品的盗窃险、道具的火险等。

运输险是展品在运输和展览过程中的保险。在展品发运并取得提单后，按清册价办理保险手续。

一般办理一切险种，并取得保险单。保险期从货物在国内仓库发运至运回国内仓库止。分保业务可交由承保方办理。

其他险别根据强制性的保险要求以及实际需要视具体情况决定，比如战争险。在运输途中货物发生破损丢失，应设法向事故责任方取得理赔单证。若无法取得理赔单证，则要求责任方写证明书。受损方填写受损报告书，连同索赔清单交承保公司办理索赔手续。索赔期一般为一年。

第三者责任险，为防止施工期间施工人员的事故，防止参观期间参观者的意外伤害，比如展架倒塌压伤参观者，应在展览施工和展出期间投保第三者责任险。

展出人员险，包括医疗保险、人身事故险、个人财产丢失险等。比如，飞机目前还未能达到百分之百的安全，因此，有些参展企业为其展台人员办理乘坐飞机的人身险。这是在飞机票价内的保险之外加办的保险，万一出现事故，事故受损方将获航空公司和保险公司两笔赔偿。

保险应当是展览业人士所掌握的业务，大部分展览保险是参展企业根据运输、施工等规定条款听取保险公司建议后安排的。

参展企业一般可以使用有长期关系的保险公司。如果展览会所在地有规定必须使用指定保险公司，应在了解清楚后按规定办。展览会组织者通常会推荐可靠的保险公司。有些专业的展览保险公司可以提供一揽子展览保险。

如果参展企业办有长年保险，可以不再专门为展览办理保险，只需将展览保险纳入长年保险范围之内即可，保险公司一般不会增加保险金。如果是集体展出组织者投保，如果有长期业务关系，保险公司也可以提供优惠标准。

集体展出组织者一般不会承担保险费用，但是往往会办理保险。集体办理保险可以省去参展者精力，费用均摊标准也会低一些。

保险最重要的单证是受保险单。其他可能使用的单证有受损报告书。

展品和运输工作是一项比较烦琐、复杂的工作，可以将运输工作中的大部门具体业务委托给代理办理，但是展品和运输负责人必须掌握全面情况，指挥、协调、监督、配合有关方面保质保量地做好展品和运输工作，以保证展览工作的顺利进行。展品和运输工作结束时，还需要安排必要的评估和总结。

第二节　会展前台与后台的基本工作程序

一、企业参展人员的素质

素质是指展台人员的内在因素，包括个性、性格

等。一般认为外向型比较适合做展台工作。外向型人员会主动与参观者接触，并会影响展台的其他人员。展台工作与办公室工作不太一样，工作没有固定格式，在很大程度上靠自觉，展台工作的个人发挥余地也很大。如果有主动性、积极性，展台人员可能做许多的工作。灵活性以及交际能力是展台工作所必要的人员素质。展台所有人员都应当具有一定的独立性，展台经理、公关经理等人更需要具备这样的素质。如果问题处理不好，可能导致矛盾，影响正常工作，影响参展企业形象，影响展出效果。展台工作很辛苦，特别是在即将开展前的几天和展览期间，工作人员基本都是在超负荷状态下工作，这需要有一定的耐力。体质弱的人员不适于艰苦的展台工作。

展会工作人员概括出十大特点，即知识渊博、团队精神、自信、有进取心、精力充沛、创造性、热情、解决问题能力强、刻苦工作的意愿、诚实守信。其实这也正是对会展服务礼仪人员所要具备的素质要求。

（一）知识面广

展会服务对礼仪工作人员尤其是企业参展人员知识结构的要求是多方面的，主要有：公司的相关知识、产品知识及应用、竞争产品的知识、展览知识、客户知识、业务知识、关系建立技巧、团队参展技巧、时间管理技巧、计算机辅助参展，以及知识产权与法律知识等。从展会优质服务的角度来说，会展服务礼仪人员广博的知识结构是基础。

（二）富有团队精神

现代企业要雇用的展会服务人员是那些具备很强适应性、愿意分担、将团体目标置于个人目标之上等无私行为的人。展会礼仪服务工作人员必须服务组织和领导，要如实地向领导报告或请示有关工作。尊重和维护上级的威信，有问题要及时请示，同时发挥主观能动性，尽自己最大的努力做好工作。

另外，本部门各成员之间应保持互相信任、团结和和谐、心理相容，在人际交往中，应尊重别人、欢迎别人，营造和谐友好的工作氛围。

（三）自信

自信，是对会展服务礼仪人员素质的最基本要求，是取得会展工作成功的基石。自信就是高度的自我肯定，自我肯定是一个从业者喜欢自己的程度。会展服务礼仪人员只有相信自己的能力和力量才能敢于去竞争，敢于去拼搏，敢于去追求卓越，在会展人际交往中充分发挥自己的才能，抓住各种实际，塑造自己的形象。会展服务工作人员必须相信自己，具有宽宏大度、容人容事的气量，善于同各种各样的人交朋友，用能豁达的态度，冷静地对待和处理服务工作中的挫折，不可斤斤计较一时一刻的得失。

为了激发他人的自信，必须自己作出榜样。相信自己的能力和信念，相信自己的产品和服务，从而勇敢面对会展服务与管理中的问题和挑战。

（四）有进取心

有进取心的人勇于承担责任，他们欢迎变革，创造变革，愿意并乐于承担随之而来的风险，会展服务礼仪人员必须要有积极的进取心。

（五）精力充沛

精力充沛的人，往往能做到勤奋工作，勇往直前。一个精力充沛的人也会被认为是充满活力的，这种行为还会影响到他周围的人。身体健康、精力旺盛是产生愉快情绪的原因之一。相反，健康欠佳、过度疲劳等容易产生不良的情绪。会展服务礼仪人员必须保持旺盛的精力，保证会展服务工作的正常进行。

（六）热情

热情是从业者从内心表达出来的兴奋与自信，是一种强有力的、稳定而深厚的情绪体验。会展服务礼仪人员对工作有了高度的热情，才能引起顾客的共鸣，让顾客对会展服务礼仪人员所说的话深信不疑。它能驱使观众自觉地参与到会展产品和服务的宣传中。表现热情的主要方法是赞美，但赞美要恰到好处，掌握赞美的分寸，把握时机，真诚、发自内心，这样才会让顾客真切体验到展会的高品质。

（七）诚实守信

诚实守信是会展服务礼仪的原则，也是对会展服务礼仪人员的基本素质要求。在各种会展活动中，应按约定时间到达，万一因故不能准时参加或出席，应及早通知对方。

在正式的国际交往中，接到正式的邀请函则必须视情况给予答复。若邀请函上注有"R·S·V·P"（法文"请回答"的缩写）字样的，则不论参加与否，都要及时回答。若邀请函上注有"Regret Only"（英文"不能参加请答复"），不能出席则需立即答复。

（八）富于创造

会展服务礼仪虽然有一定的规范、程式，但对于会展服务礼仪人员来说每时每刻都存在着责任、压力与挑战，这就要求从事会展服务礼仪的人员在职业素养中要有创造性的品质。创造性不仅能给展会服务工作带来新颖、有活力的方式，也同时是自己能力的表现。

（九）刻苦工作的意愿

会展服务工作中，会遇到很多艰苦的服务工作，如招展、招商、布展、宣传、推广等工作，不是所有问题都能事先预料到的，遇到难题就打退堂鼓，这会使客户的问题得不到解决，失去客户对你的信任。有的人会为自己找借口：我太年轻，所以我无法控制自己的情绪；我是女性，所以我无法承受客户对我的投诉；我学历

高，服务工作对我来说伤害我的自尊……这些借口也许是事实，但会影响你的工作业绩，需要努力克服。

（十）解决问题能力强

会展服务礼仪人员应当具备敏锐的观察能力、灵活的反应能力、出色的表达能力和较强的控制能力等。具有较强的能力素质，在服务过程中，就能避免许多不必要的麻烦和问题。在与顾客发生冲突的时候，会展服务礼仪人员需要控制自己冲动与消极的情绪，主动克服困难和解决问题。

二、展台人员培训

（一）人员培训的益处

1.培训能加强人员的团队精神。这很重要，因为展会工作本来就讲究团队合作。同样重要的是，对来自不同层次的营销人员——众所周知他们习惯于单打独斗，在这种情况下，建立团队精神是很有帮助的。

2.人员能了解期望值是什么。专业的培训能帮助他们明确展览会的目标和目的，减少过于个人化或因不了解而产生的认识和误解。

3.人员能清楚地认识到每个人的不同职责。他们能短时期内找准不同客户期望和公司目标。他们会明白这不是一场特殊的销售活动，而是一次进行营销、树立品牌、学习研究和私下交流的好机会。

（二）展台人员培训内容和步骤

为了保证良好的展出效率和效果，在配合展台人员之后，必须对他们进行培训。不论是临时雇佣人员，还是固定工作人员包括公司高级人员都应当接受培训。培训的目的是使展台人员了解展出目的，掌握展台工作技巧，培养合作及集体精神。

1.情况介绍。包括人员介绍、筹备情况介绍、展出情况介绍等。情况介绍的目的是使展台人员熟悉展出背景、环境和条件。

（1）首先相互自我介绍，培训者和接受培训者自我介绍，不仅要介绍姓名、工作，还要介绍在展览方面的知识和经验。

（2）展出介绍包括展览会和展台情况。展览会情况包括名称、地点、展出日期、开馆时间、场地平面、展馆位置、出入口、办公室、餐厅、厕所位置等。展台情况包括展出意图、展出目的、目标观众、展台位置、展台序号、展台布局、展出工作的整体安排等。展出活动介绍包括记者招待会、开幕仪式、馆日活动、贵宾接待活动等，并对展台人员提出相应的工作要求。展品介绍要详细介绍每一项展品，其性质、数据、用法、用途等。市场介绍包括销售规模、销售渠道、规章制度、特点习惯和销售价格等。

2.工作安排。向展台人员布置展台工作，并提出

要求和标准，必须使展台的每一个人知道、理解展出目的；布置展台工作包括观众接待、贸易洽谈、资料散发、公关工作、新闻工作以及后续工作等，进行分工，提出要求；管理安排包括工作时间、轮班安排、每日展台会议、记录管理等；行政安排包括展台人员的宿、膳、行、日程等安排。展出主要是为了成交，展台工作准备就是围绕此开展，包括市场调研、准备货源、准备产品资料、准备贸易条款等。

3.技术训练。主要训练展台的接待和推销技巧。展台工作与其他环境下的工作有所不同，即使是有经验的推销人员也应接受展台技巧培训，可以使用模拟方式并应准备完善、系统的培训资料。另外，如果可能，要培养展台人员认真的工作态度、协作精神和集体感。

三、商务工作准备

展出主要是为了成交，展台工作准备就是围绕此开展，包括市场调研、准备货源、准备产品资料、准备贸易条款等。

（一）市场调研

在选择展览会和选择展出产品之前，展出者已做了市场调研。调研围绕所展示的产品和成交开展，调研内容包括市场、运输、包装、保险、税则、汇率、折扣等。每个市场都有其特点，透彻地了解和充分准备有助于展出成功，有助于成交。

（二）市场情况

需要了解的市场情况包括：市场规模、消费量、进口量、消费值、进口值、产品来源、消费增长率、消费地理分布、有关法规、市场潜力和发展趋势、市场障碍等。如果市场对某产品有贸易的和非贸易的壁垒，在展出这类产品就要慎重考虑，除非有长远打算，否则展出就没有太大意义。另外要了解市场开放程度。了解关税、税率、配额、货币管制、其他限制以及市场划分等状况。

（三）产品情况

产品必须符合市场要求。为此，必须了解产品的质、颜色、风格、尺寸、外观、设计、性能、技术规格、贸易标准，以及运输包装、消费包装、保护要求、说明要求等。如果需要，要对产品进行改进。如果按市场要求专门为展出更改产品包装会很困难，展出者也应知道市场要求，并能向客户解释说明，只要有订货，就可以按市场要求和客户要求提供产品。

（四）竞争情况

展出者必须了解竞争情况，以便知道与谁竞争，做好价格等各方面的准备，知己知彼，有备而争。需要了解的竞争情况，包括其他供应商及外国和当地供应商的名称、供应量、市场占有率、优势及弱势、商标及专利

问题、市场主导产品的特性、市场主导公司成功的主要原因、各供应商市场培养情况、市场价格等。

（五）销售渠道。

首先是了解销售整体情况，包括销售体系、正常的销售渠道和环节、不同渠道的相对重要性及优劣势、各环节各渠道的订货数量、交货期要求、销售条件、价格中加价幅度（提成、加价率）、售后服务要求等。其次是确定目标商人，即确定可能的主要买主是进出口商、制造商、批发商、经销商或是零售商。

（六）运输条件

了解当地市场的运输业状况、运输路线、运输方式、运输价格，以便计算、决定产品报价中的运输成本、运输时间，及成交合同中的运输条款。调研的具体内容可以根据展出和成交需要定。如果展出者有条件，可以自己做调研。如果没有条件，可以委托展出地的咨询公司、市场调研公司。做市场调研会有花费，这种花费是值得的。

四、撤展

撤展工作主要包括展品处理、展架拆除、道具退还、回程运输安排等。撤展工作必须在展览会闭幕后开始，但是撤展准备工作需要在展览会期间甚至展览会开幕前就考虑和着手做。

撤展工作需要考虑并安排的内容包括：展品处理、展架拆除、展具拆除、花草装饰拆除、展品和道具的回运手续、回运公司、展品包装箱运到展台时间、集装箱运到展场时间、场地清扫安排、场地交还手续等。这些工作通常由展台经理或指定人员办理。

撤展首先要注意的问题是按时。既不要提前也不要推迟撤展。

撤展的主要工作之一是展品处理。展品处理的方式一般为：出售、赠送、销毁、回运。出售是指展品出售给观众。在零售性质的展览会上，展品往往也是卖品直接销售给参观者，参观者付款后可以立即取走。在贸易性质的展览会上，展品售出后，买主往往不能立即取走展品，一般需要等到展览会闭幕后再取；赠送一般是指展出者将展品赠送给客户或重要人物；销毁通常是一些价值不太大，展出者不想出售也不想回运的展品。销毁通常需要有证人在场；回运是指展出者将展品运回展出者所在地。如果在同一行政区域和同一税区，展品处理涉及的费用比较简单，甚至可能不产生费用。但是在非同一征税区域展出，展品处理方式不同会使展出者缴纳不同的税额，因此，展出者要明确展品处理方式。

展品处理的有关准备工作尤其需要提前做。一般规律是展品价值越大、使用范围越窄，就越要提前处理；反之，展品价值越小、使用范围越广，展出者就越少操

心，就可以迟一些甚至到展览会闭幕时处理。有些展品如大型机械设备需要在讨论决定展出时就考虑处理。大型机械设备一般在已确定买主的情况下才会运到展览会上展出，展后由买主运走。否则，如果未出售，就需要回运，大型设备包装往返运输费用很高，而且筹备展出期间，设备占用资金，一般公司承受不了。展品的实际处理工作常常是撤展的第一项工作。体积大、重量重的展品比如机械设备等可能需要安排专业工人拆卸、再包装。包装材料要事先安排好从仓库运回到展台。展品从展柜、展台上撤下再包装时要注意点数，注意不要漏装部件、配件、说明等，并注意包装质量。展品包装好后交买主、接受人，或交运输公司安排回运。销毁的展品不能一扔了之，要按规定办理。

展品从展架、展柜上取下后，就可以开始拆除展台撤走展具。如果展出者使用的是租用的标准展台或委托施工的展台，就可以不考虑展台拆除问题，由展览会或施工公司考虑。如果展出者使用自己的材料自己动手搭建展台，就要考虑自己再动手拆除展台，并事先安排计划好拆除人员和工作。如果展台、展柜是重复使用的材料，在拆除时要细心，不要损坏材料，按要求包装好避免财产损失。如果展架道具都属于展出者，展出者就要在拆除展台、展架的同时，考虑拆除展柜、展具。

回运的展品和展架、道具拆完包装好，就可以交给运输公司。要注意手续完备。如果是国际展览，就有结关问题。一方面要与海关建立良好的关系；另一方面要按规定办理手续。有时展出者在结关工作结束前就会离开展出地，将有关工作留给运输报关代理办理。这就需要将有关单证办理准确无误。

撤展期间，展台经理或指定负责人要确认所租借的物品包括办公用品、道具、花草、电气设备等全部归还原主，避免产生额外费用，并及时索回押金。

如果由展出者自己拆除展架，不要留下乱七八糟的垃圾，这会给人留下不好的印象，有损于展出者的名声，给展览会组织者留下额外工作，因此可能产生额外清扫费用。将场地清扫干净交还展览会，这也有助于展出者和组织者建立良好的关系，为将来合作打下基础。场地交还展览会，展出者在展览会场的工作就算完成。

五、展后总结

（一）展后总结的含义及作用

总结包括两层含义：一是总结工作，二是总结报告。总结工作贯穿于展览工作的全过程，资料的收集记录工作从展览筹备时就要开始，收集方式与评估资料相同，可结合起来做，但总结所需材料比评估所需材料的范围更广泛。

展后总结的功能作用是统计整理资料，研究分析在本届展览推广过程中已做过的工作，为未来展览推广工作提供数据资料、经验和建议，因此，一份客观公正的展后总结对办好下届展会有着非常重要的意义。展后总结应着重从营销效果、项目市场调查——展览会在市场同类项目中所占的市场份额、优劣势比较、竞争者情况等方面进行。

（二）展后总结与展后评估报告之比较

展后总结与展后评估报告的主要区别就是，前者主要用于内部交流或呈报给上级领导作为业绩考核的参考，它是主办方、组展方、参展商对办展或参展行为所做出的一个主观总结。相比展后评估报告，展后总结涉及的内容会更广泛、更细化，可以说，它包含展后评估报告，主要侧重于对办展的各项组织工作或参展的工作安排等方面进行自查，较多采用定性描述和分析方法。而展后评估报告主要是给外界的相关利益者看的，要通过媒体对外公布，有些真实的数据或瑕疵不会透露，它更多侧重于展览效果分析方面，多采用定量分析评估的方法，且应委托独立的第三方机构进行客观评估。

六、会展评估的含义和特点

（一）会展评估的含义

会展评估是指根据一定的目的和标准，遵循一定的原则，运用科学的方法，对会展活动中的各项要素及其社会经济效益等方面进行质和量的评价的综合性活动。会展评估可以分为广义的评估和狭义的评估两个方面。广义的评估包括宏观会展评估和微观会展评估两个层面，以及会展前评估、会展中评估和会展后评估三个阶段。狭义的会展评估则是指对某一会展项目的微观会展评估。

（二）会展评估的特点

1.评估活动的目的性。会展评估是会展管理的一个重要环节，是一项有目的、有计划的自觉活动。对于主办者而言，评估的目的是提高办会展的水平，创建会展品牌，提高经济效益。从参展商来说，评估的目的则是提高展出效果，从而提升公司形象，扩大产品销路。总之，无论是哪一种主体进行会展评估，都是为了实现既定的会展管理目标。

2.评估内容的专业性。会展评估是围绕会展主题、参展商、观众、时间、地点、展品等会展活动中的基本要素展开的，涉及会展管理的各项业务，因此评估内容具有很强的专业性。

3.评估指标的系统性。会展评估指标是反映会展活动的基本要素和本质特征的数量体系。任何一个评估主体在进行某项会展评估前，都要根据评估的目标制订切实可行的评估体系。

七、会展评估的现实意义

（一）促进主办单位自我完善

会展评估对展会主办单位（包括政府部门）而言，可以根据相关的展会评估结果来客观理性地分析、评价当前的展会市场环境和走向，为今后展会项目的市场开发、运营管理提出相应的建议。展会主办单位可根据每次评估的结论和建议，及时调整会展发展方向、运作管理方式等，扬长避短，来完善自己的展会品牌。

（二）为政策的制订提供依据

对会展行业主管部门而言，可以根据相关展会评估的标准、结论来制订会展行业发展的行业规章和制度，并可对一些评估良好的展会项目进行重点扶持，帮助它们做强、做大以形成品牌优势。反之，对一些评估差、缺乏市场前景甚至重复举办的展会，予以严格控制以达到规范会展市场秩序和行业竞争的目的。

（三）为参展提供参考依据

对于参展商而言，可以通过评估结果掌握展会的真实情况，从而对是否参展进行客观理性的判断。现在，由于办展的"门槛"相对较低，导致展会泛滥。重复办展的现象屡见不鲜，作为企业，每年都会接到很多展会的邀请函，选择参加哪一个展览，怎样识别是李逵还是李鬼，成了企业和商家头痛的问题。如果有了规范的、客观的评估报告，企业就可以为自己是否参展找到客观的依据，避免出现很多负面的问题。

八、会展评估的工作程序

展览评估是一项时间性强、涉及面广、内容复杂的工作，因此，在开展评估工作时，一定要合理地组织和有计划地进行。会展评估一般可分为评估前准备、组织评估小组、制订评估计划、调查收集资料、分析测算和撰写评估报告六个阶段。

（一）评估前准备

在签订委托评估合同后开始准备工作，主要是熟悉展览项目情况，分析评估的重点和难点，与评估将会涉及的相关人员建立起沟通渠道，指定项目负责人和联络人等。

（二）成立评估小组

根据展览项目的行业特征和繁简程度，由项目经理选择专家组成评估小组。一般包括：市场分析人员，负责展览项目举办的必要性、市场分析等评估内容；工程技术人员，负责场馆设施的技术要求、设备安装、环境保护等评估内容；财务、经济分析人员，负责展览项目的投资估算、财务分析、资金来源和经济评价等评估内容；以及其他辅助人员。

（三）制订评估计划

评估小组成立后首先应制订一个详细的项目评估计划，以指导评估工作的正常进行。评估计划包括：①评估内容，按照展览项目的特点、性质，提出需要解决的问题，明确评估目的；②评估重点，根据展览项目的具体情况，提出评估重点，如展览题材所在市场状况及其发展趋势、展览地点选择是否恰当、投资估算及资金落实情况、展览本身的先进适用性、主要参展商及目标观众选择的合理性、财务及经济效益等；③资料清单，包括展出品市场分析资料、投资估算依据、场馆设施的技术资料、财务和经济分析的基础数据、展览服务商（物流、旅游、住宿等）的资质证明等；④进度安排。

（四）调查收集资料

围绕评估计划和人员分工情况，分头对评估所需资料和信息进行调查、收集，并加工处理。通常收集的资料有：市场资料，包括展出品市场的供求现状、趋势、价格、来源和销售方向等；可行性研究报告中的各项原始数据及必要依据；有关制度、规定、规范和办法等。在调查和收集过程中，应注意数据资料的可靠性、准确性和完整性。

（五）分析测算

在对调查资料进行加工整理的基础上，对项目进行全面分析，测算展览计划的执行情况。主要包括市场分析、技术分析、基础财务及经济数据预测、财务分析、经济分析、风险分析和社会评价。

（六）撰写评估报告

展览评估报告是评估机构将分析测算的结果按照既定模式形成的文字报告，反映市场状况的有关信息并包括某些调研结论和建议。展览评估报告是展会评估活动过程的直接结果。尤其要注意的是，不能以展览项目相关利益的口气来撰写，而应站在第三方的立场上，大量运用比较分析的方法，提供有说服力的评估结论。

九、会展评估报告的撰写

（一）会展评估报告的内容结构

会展评估报告可能因评估的具体内容而有所不同，但一般来说其内容结构主要包括以下方面。

1.评估背景和目的。调研人员要对评估的具体原因加以说明，还需阐明评估目的，最好引用相关前景资料为依据，分析展览活动等方面存在哪些问题。

2.评估方法和工具包括

（1）评估对象。说明从什么样的对象中抽取样本进行评估；

（2）样本容量。抽取多少观众作为样本，或选取多少实验单位；

（3）样本结构。根据什么样的抽样方法抽取样本，抽取样本后的结构如何，是否具有代表性；

（4）资料收集。处理方法及工具，尤其要指出用什么工具、什么方法对资料进行简化和统计处理；

（5）实施过程及问题处理；

（6）调查完成情况，说明调查完成率及部分未完成或调查无效的原因。

3.评估结果。评估结果是将评估所获资料整理出来。除了用若干统计图表来呈现以外，报告中还必须对图表中的数据资料所隐含的趋势、关系和规律加以客观描述，也就是说要对评估结果加以说明、讨论和推论。

评估结果所包含的内容应反映出评估目的，并根据评估标准的主次来突出所要反映的重点内容。一般来说，评估结果中应包含以下内容：展台效果、成本效益比、成交笔数、成交额、接待客户数量、观众质量等。

4.结论和建议。要用简洁明晰的语言总结出结论。例如，阐述评估结果说明了什么问题，有什么实际意义，必要时可引用相关背景资料加以解释、论证。建议针对评估结论提出可以采取哪些措施以获得更好的效果，或者如何处理已存在的问题，最好能提供有针对性的具体方案。

（二）展览评估报告的写作要求

1.语言简洁，有说服力；

2.报告必须以严谨的结构、简洁的题材将调研过程中各个阶段收集的全部相关资料整合在一起，不能遗漏重要的资料，但也不能将一些无关资料统统写进去；

3.注意仔细核对全部数据和统计资料，务必使资料准确无误；

4.报告应该针对展会评估活动所要解决的问题提出明确的结论或建议。

（图4-1） （图4-2）
（图4-3）
（图4-4） （图4-5）

第5章

案例分析

一、案例之一：攀枝花大型交易展览会策划方案

攀枝花市自建市以来，全市人民一直兢兢业业、努力工作，希望吃得好点、住得好点、穿得好点。但由于以往经济落后、山区条件差，住房一直非常紧缺，汽车更是一种遥不可及的梦想。攀枝花市这几年变化很大，经济条件也大大改善，全市人民对住和行的需求开始大量增加。有房未必有车，但有车必有房，房与车是联系相当紧密的两个大件产品，因此，为满足攀枝花人对住和行的需求，也为了活跃房市和车市，特策划本次大型交易展览会。

（一）策划目的

1. 集中、全面地展示本地精品楼盘和时尚汽车，宣传本地房地产和汽车，使市民了解本地房地产发展水平和汽车制造工艺的发展状况，便于购房购车时的比较消费；

2. 促进房产开发商和汽车经销商的产品快速销售，活跃攀枝花房市和车市，满足消费者的住房需求和汽车需求；

3. 进一步激发广大市民对住房和汽车的关注度，利用本次大型交易展览会扩大房地产和汽车对本地市民的影响力；

4. 帮助企业塑造品牌形象，宣传企业产品，同时促进产品销售。

（二）展会策略

1. 辉煌大气策略。

辉煌大气的现场，使人胸襟开阔，从心理学角度上讲，这样的环境更容易使人意乱情迷，人的理性很轻易被感性打败，非常容易激发出消费者潜在的购物欲望，从而出现千百人抢购的现象。

2. 现场布置策略。

（1）现场布置隆重热烈。

①红色氢气球8个；　　　　②条幅8条；

③火焰气拱门1个；　　　　④立柱气模1对。

（2）现场分为房产展区和汽车展区两个区域，分别展示房产和汽车，使交易更有秩序，人流更易分开。

①房产展区　划条块分割，并编号。

②汽车展区　划条块分割，并编号。

（3）房产和汽车同时展出，以房产关注人群带动对汽车的关注，以汽车关注人群带动对房产的关注，营销互动，从而产生超级人气，营造热销的气氛。

3. 促销策略。

利用消费者贪小便宜的心理，整体展开促销活动，促进房产和汽车的销售，用强有力的促销活动刺激消费者抢购，促销活动如下。

凡在促销期间在本展览会房产开发商或汽车经销商处购车购房者，凭购物发票或有效购物凭证，到领奖处领取以下赠品或参加以下促销活动。

（1）时尚手机一部，价值2000元（限1000部，先买先得）；

（2）送50元红包一个（限100人）；

（3）参加交易展览会消费者评比抽奖活动，奖金红包总计2000元；

（4）超市面值50元折扣券（限100人）；

（5）购房前10名，送5㎡面积；

（6）持门票购房购车者除原来的优惠外，再额外优惠价格的2%。

注：①除第（3）、（5）、（6）项外，其他部分活动由策划组织方出资。

②以上优惠过程请公证处公证。

4.参展企业自订促销策略。

虽然展览会已有促销活动，但参展各方可根据实际情况再自订促销方案，与展览会促销活动相结合，必能产生理想的销售效果。

5.广告内容策略。

金秋送爽，风轻云淡；丰收时节，喜气洋洋。值此大好季节，特举办四道盛宴：房宴、车宴、银行宴和青春宴，与全市人民同乐，以此庆祝丰收喜气之嘉年。

（1）房宴。"房地产大餐"。本市精品楼盘集中展示，全面展出本市房地产最新发展水平，楼盘展示计划包括远达·南山花园、仁和·春天花园、国际泰隆大厦、凤凰小区、临亚家园、湖光小区、湖光·水岸新天、四季花园、晨雨苑、倮果花园、迎宾苑等。

（2）车宴。"汽车大餐"。本市时尚轿车集中展示，全面展出本市车市新款车型，供用户集中选择，汽车展示计划包括奇瑞QQ、金杯海狮、雪铁龙、雪佛莱、上海大众、东风悦达起亚、庆铃、北斗星、奥迪、长安等众多品牌车型。

（3）银行宴。"银行大餐"。本市多家实力雄厚的银行推出的个人买车贷款、个人买房贷款等贷款项目，对广大的本市老百姓来说，不啻于一个好消息。借助本次大型交易展示会，各银行将会详细介绍自己的贷款项目和贷款方式。

（4）青春宴。特别邀请本地青春靓丽少女组合、活力四射的年轻乐队和带有迷人嗓音的歌手，无论是清风送爽的上午，还是浪漫迷人的晚上，都会演唱著名歌星的传世歌曲，进行青春靓丽的现代歌舞表演，演奏青春火热的现代乐曲。在青春宴的衬托之下，房宴、车宴味道更特别。

6.广告媒体策略。

（1）报纸广告。

①攀枝花日报1/2版，2天；②攀枝花晚报整版，2天；

③攀钢日报整报，2天；④直接影响人数：2万人；

⑤间接影响人数：10万人。

（2）DM宣传单。

①纸张：105克铜版纸；②规格：大8K；

③质量：海德堡五色印刷机印刷；④印数：5万张；

⑤发放对象：一户一递；⑥直接影响人数：25万人（按平均5人/户计算）；

⑦间接影响人数：75万人。

7.制造新闻点策略。

为求本次大型房车交易展览会产生轰动效应，特别制造新闻点"消费者评选活动"，评选出

（1）绿化景观最好的攀枝花市楼盘；

（2）建筑外形最好的攀枝花市楼盘；

（3）性价比最好的攀枝花市楼盘；

（4）最经济实惠的攀枝花市楼盘；

（5）服务最好的攀枝花市楼盘；

（6）功能最齐全的攀枝花市楼盘；

（7）攀枝花市外形最时尚的轿车；

（8）攀枝花市功能最好的轿车；

（9）攀枝花市性价比最好的轿车；

（10）攀枝花市最经济实惠的轿车；

（11）攀枝花市服务最好的汽车经销商。

说明

①评选活动由公证处公证；

②评选活动不另收任何费用；

③参与评选的消费者参加抽奖，中奖人数3人，奖金红包总计20000元；

④由获选企业各出资2000元奖励；

⑤奖品发放由组织方在公证处监督下统一发放。

8.现场控制策略

为避免因人气空前高涨，现场造成混乱挤压、人员受伤的情况，特别加强控制现场秩序，安排人群有秩序地参观和购买，特请20个保安维护秩序。

（三）策略实施

1.展会展位图（略）；

2.参展企业在指定展位自行布展；

3.展会组织方办理展会相关手续；

4.现场安全秩序由组织方负责控制；

5.广告位竞拍由组织方负责安排；

6.广告及整体促销由组织方负责实施。

（四）展会卖点

1.全面展示本地精品楼盘；

2.全面展示本地车市的汽车车型；

3.房地产与汽车的首次联手集中展示，将前面1、2两大卖点的影响叠加，这就是1+1＞2的经典展现；

4.房宴、车宴、银行宴、青春宴四道盛宴吸引众多的眼球关注，广告创意独特新颖，以宴会比喻交易展览会，是对展览会宣传的一种创新；

5.现场布置恢弘大气，场面气氛热烈隆重，房地产精彩纷呈，汽车各领风骚，银行信誉如日中天，足以令参观者心跳不已；

6.促销力度强大，直接撞击消费者内心之弦，令消费者内心反复震荡，欲罢不能。

7.宣传力度强大，无论是广告创意策略，还是广告媒体策略，都针对消费者的"弱点"而策划，广告创意的循循善诱，广告媒体的反复冲击，都足以令消费者

内心防御一泻千里，土崩瓦解，最终高举白旗，缴钱认购。在热烈激情的现场气氛下，想不动心都难！

（五）展会优点

1.广告效应突出。如此强度的展会宣传相比任何传统广告，效果都要明显得多，展会的新闻性、轰动性、展示手法等所产生的影响力，远远超越传统广告的广告效应。

2.促销效果明显。借助展会的广告效应，再利用强有力的促销手法配合，依据策划者本人多年来的经验，必能产生理想的促销效果。

3.费用低廉。与传统广告相比，预计参展企业本次最高投入3万元左右，与传统广告费用相比，费用相当低廉。传统广告仅《攀枝花日报》一版一天费用就是1万多，假如三种本地报纸媒体同时投放，两天就要花掉近4万，再加上其他如电视、电台、直接邮寄广告（DM，direct mail advertising）宣传单等广告投入，其两天的广告费用将超过6万元。如果再加上促销活动，费用将直线上升。相比传统广告促销，交易展览会费用之低，效果之好，优势十分明显，这也是目前许多城市流行展览会的重要原因所在。

（六）征求参展企业意见

1.对此次参展有何意见，是否愿意参展？

2.如果参展，需要多大布展面积？

3.对此次促销策略有何意见，力度是否够大？

4.对此次广告策略有何意见，是否有更经济更有效的广告策略？

5.是否愿意参加本次展会广告夺标，从而在展会上扩大自身的影响力？

6.是否有其他更好的展会想法？

注：请将以上意见及时反馈给本公司，以便及时做出适当调整，谢谢！

（七）方案意见征求时间

2003年10月21日～2003年11月1日

（八）方案确定日期

2003年11月8日

（九）展会组织方（略）

（十）企业缴费报到时间

（1）2003年11月9日8：00～18：00汽车经销商缴费时间；

（2）2003年11月11日8：00～18：00房地产企业缴费时间；

（3）2003年11月12日8：00～18：00银行、装饰公司缴费时间。

（十一）广告位竞拍时间

2003年11月15日8：30～11：00，竞拍成功企业须当日付款。

（十二）广告位竞拍地点

攀枝花宾馆二楼会议室

（十三）企业布展准备日期

2003年11月28日8：00～16：00汽车布展；

16：00～22：00房地产布展；

22：00～24：00银行、装修公司布展。

（十四）展会时间

2003年11月29日8：00～2003年11月30日17：30

（十五）促销期间

2003年11月29日～2003年12月16日，将促销活动延期，能够使促销效果最大化。

（十六）成本预算（略）

（十七）参会费用（略）

（十八）展会地点：体育馆旁

二、案例之二：动感地带的策划案例

案例主体：中国移动通信公司

市场地位：市场霸主

市场意义：凭借其品牌战略和市场细分战略，将中国电信市场从资源竞争带入了营销竞争时代。

市场效果：动感地带的用户远远超出一千万，并成为移动通信中预付费用户的主流。

案例背景：中国移动作为国内专注于移动通信发展的通信运营公司，曾成功推出了"全球通"、"神州行"两大子品牌，成为中国移动通信领域的市场霸主。但市场的进一步饱和、联通的反击、小灵通的搅局，使中国移动通信市场弥漫着价格战的狼烟，如何吸引更多的客户资源、提升客户品牌忠诚度、充分挖掘客户的价值，成为运营商成功突围的关键。

"动感地带"策略解析：

（一）精确的市场细分　圈住消费新生代

根据麦肯锡对中国移动用户的调查资料表明，中国将超过美国成为世界上最大的无线市场，从用户绝对数量上说，到2005年中国的无线电话用户数量将达到1.5亿～2.5亿个，其中将有4000万～5000万用户使用无线互联网服务。

从以上资料可看出，25岁以下的年轻新一代消费群体将成为未来移动通信市场最大的增值群体。因此，中国移动将以业务为导向的市场策略率先转向了以细分的客户群体为导向的品牌策略，在众多的消费群体中锁住15～25岁年龄段的学生、白领，产生新的增值市场。

锁定这个消费群体作为自己新品牌的客户，是中国移动"动感地带"成功的基础：

1.从目前的市场状况来看，抓住新增主流消费群体：15～25岁年龄段的目标人群正是目前预付费用户的重要组成部分，而预付费用户已经越来越成为中国移动新增用户的主流，中国移动每月新增的预付卡用户都是当月新增签约用户的10倍左右，抓住这部分年轻客户，也就抓住了目前移动通信市场大多数的新增用户。

2．从长期的市场战略来看，培育明日高端客户：以大学生和公司白领为主的年轻用户，对移动数据业务的潜在需求大，且购买力会不断增长，有效锁住此部分消费群体，三五年以后将从低端客户慢慢变成高端客户，企业便为在未来竞争中占有优势埋下了伏笔，逐步培育市场。

3．从移动的品牌策略来看，形成市场全面覆盖：全球通定位高端市场，针对商务、成功人士，提供针对性的移动办公、商务服务功能；神州行满足中低市场普通客户通话需要；"动感地带"有效锁住大学生和公司白领为主的时尚用户，推出语音与数据套餐服务，全面出击移动通信市场，牵制住了竞争对手，形成预置性威胁。

（二）独特的品牌策略　另类情感演绎品牌新境界

"动感地带"目标客户群体定位于15～25岁的年轻一族，从心理特征来讲，他们追求时尚，对新鲜事物感兴趣，好奇心强，渴望沟通，他们崇尚个性，思维活跃，他们有强烈的品牌意识，对品牌的忠诚度较低，是容易互相影响的消费群体；从对移动业务的需求来看，他们对数据业务的应用较多，这主要是可以满足他们通过移动通信所实现的娱乐、休闲、社交的需求。

中国移动据此建立了符合目标消费群体特征的品牌策略：

1．动感的品牌名称："动感地带"突破了传统品牌名称的正、稳，以奇、特彰显，充满现代的冲击感、亲和力，同时整套VI系统简洁有力，易传播，易记忆，富有冲击力；

2．独特的品牌个性："动感地带"被赋予了"时尚、好玩、探索"的品牌个性，同时提供消费群以娱乐、休闲、交流为主的内容及灵活多变的交费形式；

3．炫酷的品牌语言：富有叛逆的广告标语"我的地盘，听我的"及"用新奇宣泄快乐"、"动感地带（M-ZONE），年轻人的通讯自治区！"等流行时尚语言配合创意的广告形象，将追求独立、个性、更酷的目标消费群体的心理感受描绘得淋漓尽致，与目标消费群体产生情感共鸣；

4．犀利的明星代言：周杰伦，以阳光、健康的形象，同时有点放荡不羁的行为，成为流行中的"酷"明星，在年轻一族中极具号召力和影响力，与动感地带"时尚、好玩、探索"的品牌特性非常契合。可以更好地回应和传达动感地带的品牌内涵，从而形成年轻人特有的品牌文化。

（三）整合的营销传播　以体验之旅形成市场互动

"动感地带"作为一个崭新的品牌，更是中国移动的一项长期战略，在进行完市场细分与品牌定位后，中国移动大手笔投入了立体化的整合传播，以大型互动活动为主线，通过体验营销的心理感受，为"动感地带"2003年的营销传播推波助澜！

1．传播立体轰炸：选择目标群体关注的报纸、电视、网络、户外、杂志、活动等，将动感地带的品牌形象、品牌主张、资费套餐等迅速传达给目标消费群体；

2．活动以点带面：从新闻发布会携手小天王、小天王个人演唱会到600万大学生"街舞"互动、结盟麦当劳、冠名赞助"第十届全球华语音乐榜中榜"评选活动，形成全国市场的互动，并为市场形成了良好的营销氛围，进行"传染"；

3．高空地面结合：中国移动在进行广告高空轰炸、大型活动推广传播的同时，各市场同时开展了走进校园进行的相关推广活动，建立校园联盟；在业务形式上，开通移动QQ、铃声下载、资费套餐等活动，为消费群体提供实在的服务内容，使高空地面相结合；

4．情感中的体验：在所有的营销传播活动中，都让目标消费群体参与进来，产生情感共鸣，特别是全国"街舞"挑战赛，在体验之中将品牌潜移默化地植入消费者的心志，起到良好的营销效果。

分析：

"动感地带"作为中国移动长期品牌战略中的一环，抓住了市场明日的高端用户，但关键在于要用更好的网络质量去支撑，应在营销推广中注意软性文章的诉求，更加突出品牌力，提供更加个性化、全方位的服务，提升消费群体的品牌忠诚度，路才能走远、走精彩！

（资料来源：博锐管理在线网　　　http://www.boaid.com）

会展策划与管理能力测评大纲

能力模块	能力目标（专项技能）	测评内容	评分标准
基础知识	一、会展的基本概念	1.会展的定义是什么？有哪些内涵？ 2.会展经济的含义是什么，有何意义？ 3.会展的基本构成要素有哪些？ 4.会议与展览的种类有哪些？ 5.会展危机的概念是什么？ 6.会展的主题是什么，有何作用？ 7.会展后勤管理的内容有哪些？	问答题： 1.在基础知识七大内容内按A、B卷进行选择拟题测评。 2.评分标准： ① 简答题每题5分； ② 简述题和阐明题每题10分； ③ 基础知识占总分的60%。
	二、会展项目管理的基本内容	1.简述会展人力资源管理的重要性。 2.会展信息化管理作用有哪些？ 3.参展商收入和支出项目有哪些？ 4.参展商广告选择方法？ 5.如何树立品牌展会？ 6.会展危机处理的原则有哪些？	
	三、会展市场调查的方法	会展市场调查的种类有哪些，如何选择适合自己的市场调查方法？	
	四、会展的营销知识	1.会展的营销理论包括哪些内容？ 2.与客户谈判的基本内容。	
	五、参展商参展的选择方法	1.参展商参展的选择方法有哪些？ 2.如何制订参展的可行性方案？	
	六、展品包装与运输知识	1.展品的包装规范有哪些？ 2.运输工具的种类有哪些，各有何特点？	
	七、会展前台与后台的基本知识	1.展台人员如何配备以及参展人员的素质要求。 2.会展期间对展台工作人员的要求有哪些？ 3.会展后续工作的意义和内容是什么？ 4.会展评估的工作程序。	
实操能力	一、会展财务预算表的编制	根据收入和支出的种类，编制简单的财务预算表。	实操能力题： 1.在实操能力四大内容内进行选择拟题测评。 2.评分标准： ① 能力操作题每题10分； ② 实操能力占总分的40%。
	二、会展主题确立的市场调查与可行性方案分析	1.针对一个会展主题，运用市场调查方法，进行调查分析，并写出可行性方案分析。 2.依据问卷设计类型及其特点设计一份混合型试卷。	
	三、会展参展策划书	1.依据参展商的参展目标与要求，运用相关的理论，完成一份参展策划书。 2.根据会展评估工作的程序要求拟写一份会展评估报告。	
	四、会展策划与管理案例分析	1.由指导教师利用本课程的学习时间，联系相关内容的会展公司或参观正在举行的会展，让学生到实际现场感知会展。 2.通过与学生针对性地进行实际案例分析，从而提高学生的实际工作能力。	

能力模块（一）：

基础知识： 全面理解会展基础知识，特别是对会展策划与管理有着直接联系的基础知识内容。

能力模块（二）：

实操能力：会展财务预算表的编制；会展主题确立的市场调查及可行性方案分析；会展参展策划书编写；会展策划与管理案例分析；根据会展评估工作的程序的要求撰写一份展会评估报告；依据问卷设计类型及其特点，设计一份混合型问卷。

1．测评内容。

（1）基础知识问答题，考核学生对会展策划与管理基础知识课程的理解程度。

（2）通过对会展财务预算表的编制、会展主题确立的市场调查及可行性方案分析、会展参展策划书编写、会展策划与管理案例分析，要求学生对会展策划与管理全面系统地掌握基础知识能力和实际操作能力。

2．能力测评。

（1）基础知识试题； （2）实操能力试题。

评分标准：

（3）基础知识占60%； （2）实操能力占40%。

参考文献

1．杨顺勇、曹扬　《会展手册》　化学工业出版社

2．胡平　《会展管理——理论与实务》　华东师范大学出版社

3．施谊、张义、王真　《展览管理实务》　化学工业出版社

4．许传宏　《会展服务与现场管理》　中国人民大学出版社

5．刘松萍、郭牧、毛大奔　《展商实务》　机械工业出版社

6．丁允朋　《现代展览与陈列》　江苏美术出版社

7．潘杰　《展览艺术——展览学导论》　黑龙江美术出版社

8．【美】阿诺德著　周新译　《展会形象策划专家》　中国水利水电出版社

9．江鸿　《会展广告策划与制作》　对外经济贸易大学出版社

10．谭红翔　《会展策划实务》　对外经济贸易大学出版社

11．郭奉元　《会展营销实务》　对外经济贸易大学出版社

12．赵春霞　《会展概念》　对外经济贸易大学出版社

13．罗松涛　《会展管理实务》　对外经济贸易大学出版社

14．金辉　《会展概论》　上海人民出版社

15．卢发翠、陈涛、黄彬　《会展设计》　电子工业出版社

16．王天平、丁允朋　《博览经济与博览设计》　上海人民出版社

17．李彬彬　《设计效果心理评析》　中国轻工业出版社

后记

Postscript

　　会展是一项综合性活动，并且要经历一个周密计划，有组织、有计划、有程序而繁忙的社会活动。《会展——策划与管理》一书系统地论述了会展业基本理论和时代理念，提供了会展业发展的最新信息，介绍了会展业的起源、发展过程以及各个环节的工作概况。本书从会展实务的角度出发，把会展策划与管理的具体工作环节和工作程序介绍给大家，能使读者从中得到实际操作方面的帮助。在编写这本书的过程中，以职业教育人才培养的特点为前提，注重理论与实践相结合，更具实战性、针对性、参考性。并且引用实际案例解析。既可用于职业教育院校会展设计专业及其他相关专业的教学，也可作为会展业从业人员资格培训学习参考之用。

　　在编写这套系列教材过程中，以张礼全为主编，赵小勇参与本书第一章、第二章内容的编写，许海能参与本书第三章、第四章、第五章内容的编写。由于初次编写关于会展策划与管理类的教学教材，难免出现一些不足之处，望有关专家和读者不吝指正。